雑学の森

雑学の森探険隊［編］

ハマる！
ウケる！
カシコくなる！

青春出版社

この〝冒険〟は、ワクワクするほどおもしろい！

雑学をとりとめもない雑多な知識などと思っている人も少なくないだろう。しかし、一見何のやくにもたたない雑学にこそ知性の本質が宿っていることもある。

本書は、多くの人が疑問に思いながら、どう調べたらいいかわからない広漠とした〝雑学の森〟に分け入り、その謎の一つひとつに答えを出した。

取り上げるテーマは、山、海、街、公園、橋、銅像、島、地図、食べ物、生き物、人体、植物、地球、宇宙、鉱物などさまざま。家にいる時間が長くなっている昨今、興味を持った項目からページをめくってみてほしい。意外に「へえー」とか「ほほう」とかなるはずだ。

ハマって、ウケて、カシコくなる面白い話が満載である。さっそく雑学の森の中に一歩、足を踏み入れてみよう。

２０２０年12月

雑学の森探険隊

ハマる！ウケる！カシコくなる！雑学の森＊目次

Chapter 1

よのなかの雑学……13

目　次

Chapter 2

Chapter 3 にんげんの雑学……119

Chapter 4

いきものの雑学……151

Chapter 5

おべんきょうの雑学……177

カバー・本文写真■Adobe Stock
制作■新井イッセー事務所
DTP■フジマックオフィス

Chapter 1

よのなかの雑学

〈橋〉の雑学

アーチ橋はなぜ崩れないのか？

山口県岩国市の錦帯橋や長崎県長崎市の眼鏡橋は、ともにアーチ橋として知られる。錦帯橋は木造で、眼鏡橋は石という素材の違いはあるが、どちらも弓形にそった曲線を描く美しい構造をしている。これがアーチ橋の特徴だ。

アーチ橋は、上から強い力が加わっても

■アーチ橋の構造（一例）

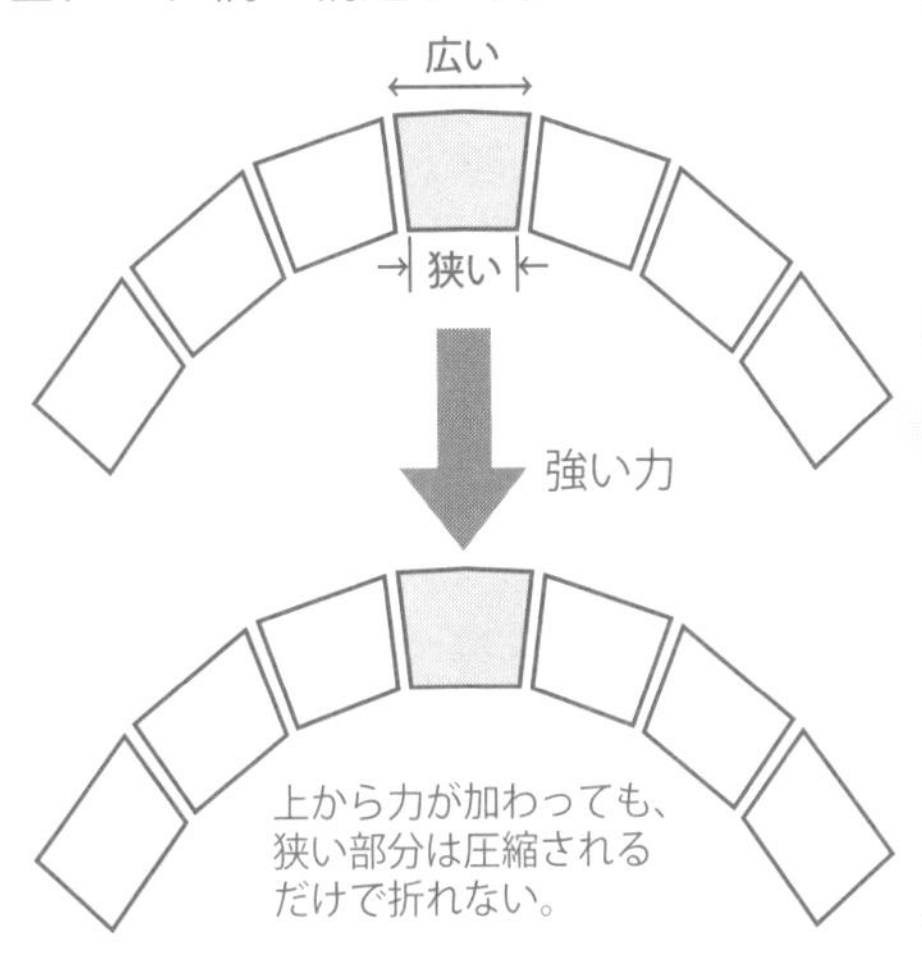

崩れない。

たとえばまっすぐな棒を水平に置き、上から力を加えると、押されることによって棒は曲がる。力を加え続けるとやがて折れてしまう。

一方、アーチ橋の場合、上から力を加えると、反力によってさまざまな方向から押す力がはたらく。その力のバランスによって崩れることをふせいでいるのだ。

フランスの「新しい橋（ポンヌフ）」は新しくない橋

フランス・パリのセーヌ河にあるシテ島には、石造りのアーチ橋がかかっている。名前は「ポンヌフ」で、日本語に訳すと「新しい橋」になる。名前はたしかに〝新しい橋〟なのだが、じつは１６０７年に造られたパリで最も古い橋である。

造ったのはアンリ4世で、白い石材が使われたために全体が光り輝いて見えるので、「新しい橋」という名前がつけられた。

それが４００年もの間、壊れることもなく中世の姿をそのまま今にとどめているために、その頑丈さにあやかってフランス語には「ポンヌフのように頑丈」という言い回しがあるほどだ。

その美しさゆえに、モネやマチスやピカソらの絵画にも描かれたし、１９９１（平成3）年には『ポンヌフの恋人』という映画も公開されている。

橋の上はなぜ凍結しやすいのか？

寒い日に橋を渡っていると、足元が凍り

ついていてヒヤリとしたことはないだろうか。橋の手前までは何ともなかったのに、橋の上だけ凍っていることがある。

　じつは、橋の上は凍結しやすい。なぜなら、ふつうの地面よりも冷えやすいからだ。

　地面では、夜になると上空に熱が逃げていき、地表の温度が下がる。ただし、地中に溜まっている熱によって温められるので、極端に温度が下がるわけではない。

　橋の場合も同じように上空に熱が逃げるが、上だけでなく下の方向にも熱が逃げる。しかも、地中からの熱の影響もないので、道路よりも橋のほうが冷えやすくなるのだ。

　そのために、道路は凍結していなくても、橋がかかっている部分では少しの水や雪でも凍結することがある。

すべての橋には入り口と出口がある

　橋は、当たり前だがどちらから渡っても橋である。同じひとつの橋なのだから、入り口も出口もない。そう信じている人が多いが、どんな橋にも入り口と出口がある。

　ほとんどの橋には、端の柱に橋の名前が彫られている。これを「橋名板」というが、これが橋の入り口と出口を示している。

　橋に向かって左側に漢字で橋の名前が書かれていれば「入り口」で、同じく橋に向かって右側にひらがなで橋の名前が書かれていれば「出口」となる。

　しかも、どちらを入り口にするかも決まっている。その地域における重要な街に向かう側が入り口になり、逆に向かう側が出口なのだ。

日本橋の親柱にある揮毫は徳川慶喜のもの

あらゆる道の起点ともいえる日本橋は、1911（明治44）年に完成し、現在は国の重要文化財になっている。

▶日本橋

その日本橋を歩くと、「日本橋」の揮毫（きごう）を見ることができる。この文字は、じつは徳川家最後の将軍だった徳川慶喜のものだ。

しかしよく考えてみれば、慶喜はいわば敗者の側である。なぜ明治維新の立役者ではなく、慶喜の文字が使われたのだろうか。

それは、当時の東京市長だった尾崎行雄の提案だった。

時代が大きく転換し、江戸から東京へと変革を遂げたのは、自分の負けを認め、江戸城無血開城に耐えて、時代の流れに従うことを決意した慶喜のおかげであると尾崎は考えた。

その気持ちに敬意を表すために、あえて当時70歳を過ぎていた慶喜の文字を揮毫としたのである。

〈銅像〉の雑学

上野の西郷さんは、犬を連れて何しにいく？

日本で最も有名な銅像といえば、東京都台東区の上野恩賜公園にある西郷隆盛像だ。

江戸城無血開城により江戸の町が戦場になるのを回避した功績を称えるために、西郷の死から21年が過ぎた1898（明治31）年に除幕式が行われた。高さが370・1センチメートルもある堂々とした風格が印象的である。

ところで、この姿はいったい何をしているところなのかというと、愛犬の「ツン」を連れてうさぎ狩りに出かけるところだ。これはこれで風情があるが、しかし、なぜ正装ではないのだろうか。

そこには、名誉も利欲も何もかも捨てて、ひとりの人間として山に向かう、いわば最も人間臭い西郷隆盛を再現しようという思いがこめられているといわれる。

　また一説には、「大将服を着た西郷像は反政府の思想につながる」という危惧もあったともいわれる。いずれにしても、西郷隆盛という人物の偉大さを伝えるみごとな銅像であることには変わりない。

伊達政宗像の兜にある大きな三日月の意味は？

　隻眼の武将として「独眼竜」の異名で知られるのが、仙台藩初代藩主の伊達政宗だが、政宗像は、仙台市の仙台城本丸址にある。この高台から仙台市を見下ろしているのだ。

　その伊達政宗がかぶっている黒兜は、大きな三日月型の前立てで知られるが、月を選んだのは正宗ではなく父親の輝宗だった。

　太陽が仏教界における金剛界を意味するのに対し、月は胎蔵界を表している。金剛界と胎蔵界は対をなし、仏教の曼陀羅の種類をさす言葉。旗印のモチーフが太陽であるのに対応させるかたちで、前立てのイメージを月にしたようだ。いずれも仏の加護を願う気持ちが込められている。

とはいえ、もしも威光を示すのなら、同じ月でも満月のほうがふさわしい気もする。なぜ、あえて三日月にしたのかについては、デザイン上の理由があったと考えられる。

つまり、満月だと太陽と区別がつきにくいので、三日月にしたのだという。三日月だと「これから少しずつ満ちていく」ということにもつながり、正宗の成長と繁栄をも暗示することになるのである。

これらはひとつの説だが、いかにも伊達政宗らしい説である。

坂本龍馬像がじっと見ているものは？

高知市にある桂浜には、坂本龍馬像が建てられている。地元の青年たちの寄付によって造られたこの像は、じっと太平洋を見つめているが、その視線の先にあるのはアメリカだともいわれている。

そして、もうひとつの説がある。坂本龍馬が見つめる先には、もうひとり別の人物がいるのだ。

それは、中岡慎太郎である。同じ高知県の室戸岬には、その中岡慎太郎の像が建てられているのだ。

桂浜と室戸岬は土佐湾をはさんで直線距離で約60キロである。中岡もまた竜馬と同じように太平洋をじっと見据えているように見えるが、坂本龍馬と中岡慎太郎の像は、お互いに見つめ合っているのではないかといわれてきた。

たしかにふたりの目線をたどっていくと、交わるのだ。

しかし、見方によっては同じ大海原や、

その彼方にあるアメリカを見ているようにも見える。

いずれにしてもふたりは、銅像になってからも同じ理想に向かって信念を抱き続ける同志であることには間違いないのだ。

奈良の大仏は「動産」なのに、なぜ世界遺産なのか？

世界遺産には、あるひとつの制約がある。登録される物件は不動産でなければならない。つまり、移動が不可能な土地や建物に限定されているのだ。

一方、寺院の中に安置されている仏像などの美術工芸品は動産として分類される。移動が可能だからだ。

だから、寺院が世界遺産に登録されても中にある仏像は登録されないのがふつうだ。あくまでも別のものとして考えられるのだ。

となると、ひとつの疑問がわく。日本で7番目に世界遺産に登録された奈良の大仏は、東大寺の中に安置されている仏像であり、動産である。

世界遺産登録の規定に従えば、本来は世界遺産にはならないはずなのに、どうして登録されたのだろうか。

それは、仏像がたとえ動産とはいえ、実際には動かすことが困難だからである。

大仏の高さは約15メートル、基壇は周囲が70メートルもあり、推定の重さは112トンといわれる。

これでは誰も動かそうとは思わないだろうし、実際に動かすのはかなり困難がともなう。

文句なしの世界遺産というわけだ。

〈地図〉の雑学

ダ・ヴィンチが地図に科学を導入した「イーモラの地図」とは

絵画だけでなく、科学や数学、土木工学など幅広い分野で多くの偉業を残したレオナルド・ダ・ヴィンチだが、地図においても驚異的な業績を残している。それが１５０２（文亀２）年に作成された「イーモラの地図」だ。

彼が作成したイタリア都市のイーモラの地図は、グーグルマップにも引けを取らないほど正確なのである。

彼がどのようにしてその地図をつくったのかは正確にはわかっていないが、おそらくブッソラという羅針盤のような機器とコンパスを用いたと思われる。

ちなみにこれは、エラトステネスが約２０００年前に地球の大きさを計測するときに使った方法に近いと考えられる。

常に北をさす矢印がある円盤状の機器で、

その矢印からの角度をもとにして位置を確認し、そして地図をつくり上げたのである。

　おそらく丹念に街を歩きまわり、いろいろな場所の距離を計測しながら、少しずつ地図にしていったのだろう。それは気の遠くなるような作業だったに違いない。

　しかも完成した地図は正確なだけでなく、美的センスにも優れていた。まさに芸術と測量術や数学などが融合した、じつにみごとな「作品」だったのである。

東京都千代田区千代田１－１－１ってどこ？

　インターネットで「東京都千代田区千代田1丁目1番地1号」を検索しても表示はされない。千代田区千代田には「丁目」は存在しないからだ。

　しかし「千代田区千代田1番1号」は存在する。それは皇居である。千代田区千代田は千代田区の中央に位置しており、全域が千代田区1番街区である。

　そこでは、1番1号が宮内庁を含む皇居で、1番2号が宮内庁病院、1番3号が皇居警察本部となっている。日本で最もよく知られた場所のひとつである。

▶皇居の二重橋

〈旅行〉の雑学

庶民の観光旅行は平安時代に始まった

太古の時代に狩猟生活をしていた人類は、食糧を求めてつねに移動していた。

しかし、それはさすがに旅とはいいがたい。旅は自分がふだん住んでいるところから別の場所に移動し、そしてまた帰ってくることだからだ。そういう意味では、本当の旅は人間が定住するようになってから始まったと考えられる。

人間が最初に旅をするようになったのは、宗教的な目的だと考えられている。聖なる地へ行き、そしてまた定住の地へ帰ってくる。それが旅の起源と考えられており、ヨーロッパ社会では4世紀頃から始まった。

そして日本では、平安時代に似たような旅が始まったといわれている。信仰を広めるために僧侶などが遠方まで足を運んだり、寺社に参詣するために庶民が遠くまで歩いたりしたことが旅の始まりである。

日本初の団体旅行の目的地はどこ？

そもそも日本人が初めて団体旅行に行ったのはいつのことだろうか。

それは、１９０５（明治38）年のことだといわれている。目的は、三重県の伊勢神宮などへの参拝だった。旅の起源が信仰心による聖地への巡礼であるとすれば、この最初の団体旅行は、まさに「旅そのもの」だったといえる。

これを企画した南新助という人物は、のちに「日本旅行」の創業者になった人物である。

４００人の客を集めて汽車の運賃を半額にすることを思いつき、団体旅行というアイデアを生み出したという。

道中ではチラシを配ったり、スイカやカス汁で客をもてなしたというから、ほぼ現在の団体旅行のスタイルを確立していたといえるだろう。

ジェットコースターで一番怖いのは最後尾？

遊園地で一番人気があるものといえば、何といってもジェットコースターだろう。先頭の車両に乗って両手を振り上げる〝雄姿〟はお約束になっている。

ところで、多くの人がジェットコースターで一番怖いのは先頭の車両だと信じて疑わないだろうが、実際には一番後ろ、つまり最後尾が最も怖いともいわれている。

〝頂上〟に向かって昇り、一気に落下する

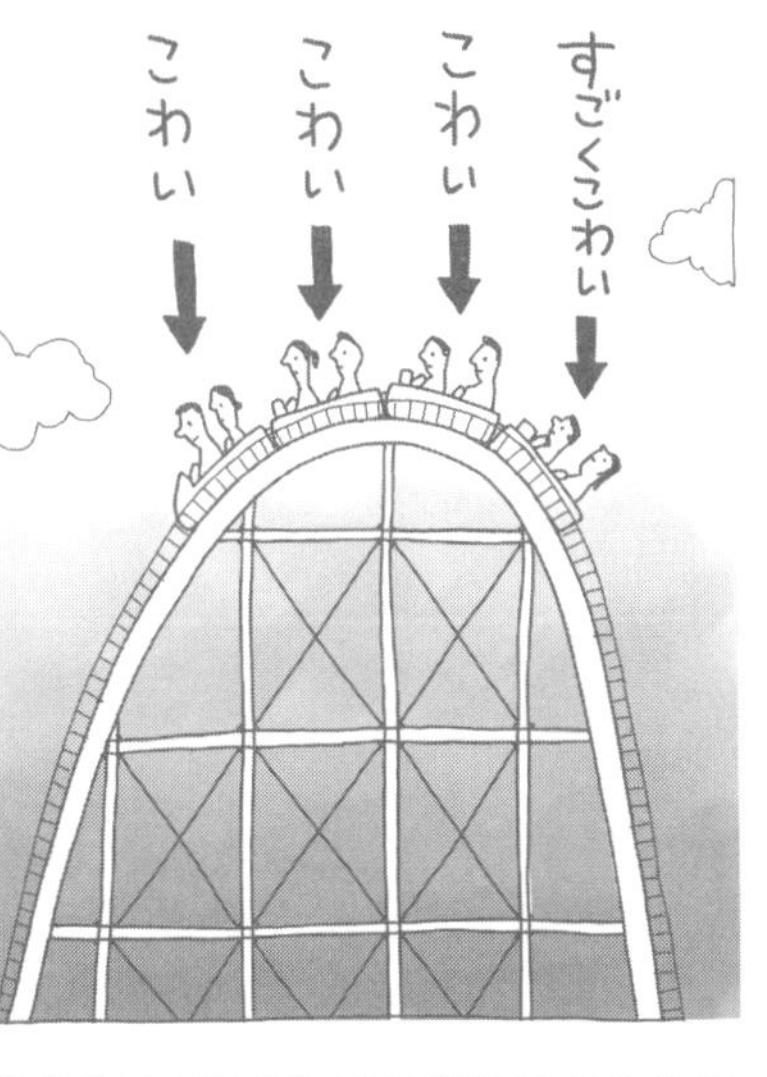

という構造を考えると、最後尾にいるほうが、前の車両にグングン引っ張られて加速するので、その分浮遊感も強くなり、恐怖感をより味わえるというのだ。

しかも最後尾だと、前の車両に乗っている人たちの絶叫する姿が視界に入るので、自分の恐怖心もいやがおうにも煽られるというわけだ。

閉園した「としまえん」のメリーゴーランドは「機械遺産」

2020（令和2）年8月に94年の歴史に幕を下ろしたのが、東京都練馬区にある「としまえん」だ。

同園の名物のひとつが「カルーセルエルドラド」というメリーゴーランドだった。回転木馬の設計技師として有名だったドイツ人のヒューゴー・ハッセが造ったもので、優れた機械技術とみごとな芸術性が絶妙に組み合わされた名作といわれ、1971（昭和46）年から同園で人気を博した。エルドラドは現存する世界最古級のメリーゴーランドとして2010（平成22年）に「機械遺産」に認定された。

〈島〉の雑学

日本にある島のうち90％が無人島

日本は海に囲まれた島国だ。本州をはじめとした4つの大きな島以外にも周囲には無数の島が点在している。

1987（昭和62）年に海上保安庁が発表した統計によると、日本にある島の数は、なんと「6852」にもおよぶ。この数字は、「第60回、日本統計年鑑（平成23年）」

にも掲載されている。

ちなみにこれは、周囲が0・1キロメートル以下で、埋立地を除いた数である。

ただし、島をどうとらえるかによりその数は変わってくる。政府が1969(昭和44)年から1989(昭和64・平成元)年までに出した公式見解では「3922」である。

海洋法に関する国際連合条約では「自然に形成された陸地」で「高潮時も水面上にある」ことが島の定義だ。これに当てはまる島を正確に把握するのは困難なのだ。

いずれにしても、数千単位の島が存在するのは間違いないのだが、それらの約90%は無人島である。

国土交通省が2015(平成27)年に公表した資料では、有人島が418で、無人島6430となっている。たしかに9割以上が無人島なのだ。

世界遺産である小笠原諸島には一般人立ち入り禁止の無人島がある

小笠原諸島は美しい大自然で知られ、世界遺産にも指定されている。世界中から観光客が絶えないが、一般人が立ち入り禁止の島がある。それが南硫黄島だ。

標高は小笠原諸島で最も高い916メートルで、周囲は7・5キロメートル、外周は断崖絶壁となっている。約3万年前にできた島だと考えられている。

この島は原生の姿が今も手つかずで、自然環境保全法で人の立ち入りが禁止され、文化財保護法で島そのものが天然記念物に指定されているのだ。

2007（平成19）年には自然環境調査が行われたが、新種の貝が発見されたり、1981（昭和56）年以降は確認されていなかったミナミイオウスジヒメカタゾウムシが再発見されたり、アカアシカツオドリの集団営巣地が発見されるなど多くの収穫があった。

毒蛇のせいで無人島になったスネークアイランド島

上陸したはいいが、足元を見るといたるところに毒蛇がいる。そんな島があるとしたら行ってみようと思う人は少ないだろう。

ところが、そんな毒蛇だらけの島が実在する。ブラジルのケイマーダ・グランデ島で、通称スネークアイランドだ。

ブラジルの都市サンパウロ近くの海岸から約33キロメートルの海域にあるが、現在は無人島であり、海軍の許可がなければ上陸できない。それほど危険なのだ。

島にいる毒蛇はゴールデン・ランスヘッド・パイパーという種類で、噛まれれば1時間もしないうちに死亡するという猛毒を持っている。

かつてこの島に住んでいた灯台の管理者とその家族が犠牲になってからは誰も住まなくなったが、なぜ毒蛇がこれほど繁殖したのかはわかっていない。海賊が財宝を隠し、それを守るために放ったという言い伝えがあるが真偽は不明だ。

戦争の爪痕が生み出した恐怖の島グルイナード島

戦争はさまざまな負の痕跡を残す。スコ

ットランドの北に浮かぶイギリス領のグルイナード島もそのひとつだ。

全長約2キロメートル、幅約1キロメートルの小さな島だが、第二次世界大戦中にイギリス軍がここを細菌兵器の実験場として利用していた。

80頭の羊が運び込まれ、Vollum14578と呼ばれる爆弾が投下され、羊たちはその日のうちにすべて死に、さらに島の土壌のすべてが炭疽菌に汚染された。その結果、この島に住んでいた動植物はすべて死に絶えたという。

1945（昭和20）年には人が住めない島と認定されたが、その後、汚染除去作業が行われ、1990（平成2）年に安全宣言が出されている。しかし、現在も無人島のままである。

無人島なのにプラスチックごみの密度が世界最悪の島

手つかずの自然が残る世界遺産の島でありながら、プラスチックごみの密度が世界最悪といわれる島がある。

その島の名前はヘンダーソン島という。南太平洋のイギリス領ピットケアン諸島に属する小さな無人島だが、現在、砂浜には推定で約3700万個のプラスチックの廃棄物が流れ着いているという。

この海域は北東からの海流のために、ちょうどこの島が「たまり場」になってしまうのだが、ごみの総量を重さに換算するとプラスチックだけでも17トンにものぼる。

これは1平方メートルあたり700点近い密度になるという。

〈飛行機〉の雑学

飛行機のトイレの轟音の出どころは？

　飛行機の中のトイレを流すと、大きな音とともにものすごい勢いで水が流れて驚くことがある。これは飛行機ならではの特徴のひとつだ。

　飛行機はなるべく軽いほうがいい。だから積み込む水の量も必要最小限に抑えられている。当然トイレの水もなるべく少ないほうがいいわけで、少ない水で気圧の高いところから低いところへ一気に流れる空気の力で流しているのだ。それがあの轟音が出る理由だ。

　ちなみに、フライト時間が長い場合、トイレに行くタイミングは意外とむずかしい。離陸後や着陸前にはトイレに行列ができることも多く、タイミングを逃す乗客もいる。

　一番いいのは食事の直後である。そのときはほとんどの乗客は起きているので、席を立っても周囲に迷惑がかからない。

そもそも日本語で「飛行機」と呼んだのは森鴎外

飛行する機械だから飛行機…。ごく当たり前に使っている表現だが、日本でこの言葉を最初に考え出したのは『舞姫』や『阿部一族』で知られる文豪の森鴎外だ。

鴎外が1901（明治35）年に書いた『小倉日記』の中に「飛行機」という言葉が出てくるのだ。これが日本でこの言葉が使われた最初とされている。

ちなみに、ライト兄弟が世界で初めて有人動力飛行に成功したのは1903（明治36）年なので、それよりも2年早いことになる。

飛行機の開発はヨーロッパで早くからいろいろな形で進められていた。軍医としてドイツに留学していた鴎外も深い関心を持っていたのだろう。

北九州の小倉に赴任していた時期に記した『小倉日記』の1901年3月1日の記述に、飛行機を造ろうとしている青年実業家を前にして、留学時代に見聞した飛行機

開発のことを語ったことが書かれている。その中に飛行機という言葉が出てくるのだ。

　鴎外も、自分が考え出した言葉がこれほどまでに定着するとは思ってなかったかもしれない。

飛行機の扉が必ず左側なのは、なぜ？

　飛行機を乗降するためのドアは、必ず機体の左側についている。右側にもドアはついているが、乗客のふだんの乗降には使用されない。

　なぜ左側なのかというと、船の習慣からきているのだ。

　飛行機ができる前は、移動や荷物の運搬にはおもに船が使われていた。昔の船は、船体の右側後方に船を操作するための舵板が取りつけられていたことから船体の左を接岸させていた。だから、船の乗り降りは船体の左側と決まっていたのだ。

　時代が進み飛行機の時代になってもその習慣が生きていて、機体の左側から乗降しているのである。

　ちなみに、空港（エアポート）という言葉にも、ポート（港）という言葉が生かされている。それも「船の時代」の名残なのである。

世界で最も危険な空港はヒマラヤにあった

　世界にはおよそ３６００もの空港がある。その中には危険なことで知られる空港もいくつかあるが、世界一危ないといわれるのは、ヒマラヤにあるテンジン・ヒラリー空港だ。

エベレストへの玄関口として知られ、多くの登山客も利用する空港だが、場所が場所だけに標高は２８４３メートルもある。

標高が高いので空気が薄く、着陸のスピードをコントロールするのがむずかしい。にもかかわらず、滑走路の長さは約５００メートルと短い。しかも着陸時には、やや上りになり、離陸時は逆に下りになる。

さらに滑走路の先は崖になっていて、うまく止まらなければそのまま崖下に落下する。もちろん周囲にはヒマラヤの山々がそびえているので、山肌に衝突する危険もある。高地なので天候が変わりやすく、視界が悪くなることも多い。操縦士は気を抜けないのだ。

そして何よりも驚くのは、そんな空港であるにも関わらず、照明などの設備が整っていない。安全に離着するには、あくまでも操縦士の腕にかかっているのだ。

飛んでいる飛行機内の空気は常に新鮮でクリーンだった

コロナ禍のなかにあって、どこにいても換気が気になるが、飛んでいる時の飛行機の換気はどうなっているのだろうか。

換気されないと思っている人もいるが、安心していただきたい。飛行中の機内の換気はきちんと行われている。約３分で機内の空気はすべて完全に新しいものに入れ替わるようになっているのだ。

飛行機は、飛行中も外の空気が大量に取り込まれるようになっている。しかも、高性能なフィルターでろ過されて客室内に供給されているのだ。

　さらに、空気の取り入れ口は天井部分にあり、それが左右の壁を伝わって床下に流れるようになっている。つまり常時、空気は動いているということだ。

　ちなみに、ＩＡＴＡ（国際航空運送協会）は「飛行機内での感染リスクは少ない」と発表している。

大西洋無着陸横断飛行の英雄リンドバーグを襲った悲劇

　１９２７（昭和２）年に世界初の大西洋無着陸横断飛行に成功して一躍有名になったのが、チャールズ・リンドバーグだ。困難を乗り越えてパリに近づいた時の「翼よ、あれがパリの灯だ」という言葉は、映画のタイトルにもなっている。

　さぞや輝かしい人生を送ったと思いきや、じつはその後、彼を大きな悲劇が見舞う。１９３２（昭和７）年に彼の長男が誘拐されて身代金５万ドルが要求されたのだ。しかし、必死の捜査もむなしく長男は殺されてしまった。

　犯人は逮捕されて死刑になったが、今だに冤罪が疑われ、またリンドバーグ自身による自作自演説もあり、現在も真相は闇の中である。

　なお、複数の州に捜査が及んだこの事件をきっかけにして、誘拐事件は自治体警察ではなく連邦捜査局で捜査することを定めた「リンドバーグ法」が制定された。

　また、アガサ・クリスティがこのリンドバーグ事件をヒントに、名作『オリエント急行殺人事件』を書いている。

〈鉄道〉の雑学

駅の発車メロディの決め方は？

電車が発車するときに鳴るメロディは駅によって異なる。一般的にはメロディの制作会社からサンプルが届けられ、その中から駅長が選ぶことが多いという。

なかにはその駅がある地域にちなんだメロディが使われることもあり、聞いただけでどこの駅かがわかるものもある。

たとえばＪＲ横浜線の淵野辺駅は「銀河鉄道９９９」、ＪＲ京浜東北線の蒲田駅の「蒲田行進曲」、ＪＲ山手線の高田馬場駅とＪＲ武蔵野線の新座駅の「鉄腕アトム」などはよく知られている。

地下鉄はなぜ電線がなくても走るのか？

地上を走っている電車は、屋根についているパンタグラフが電線から電気を取り入れている。では、電線がない地下鉄はどうやって走っているのだろうか。

地下鉄の駅に行ったら、線路をよく見てほしい。進行方向に向かって右側のレールのすぐ横に「３本目のレール」があることに気づくはずだ。

これは「第三軌条」または「サードレール」と呼ばれるもので、地下鉄はこの３本目のレールから電気を取り入れているのだ。

ほとんどの地下鉄で採用されている形式で、これだと天井部分に電線を這わせなくてもいいので、トンネルの断面積がその分小さくてすむというメリットもあるのだ。

架線のない路面電車が世界で続々誕生しているわけ

かつて路面電車といえば、屋根のパンタグラフから電気を引き入れて走る姿が当たり前だった。ところが近年、世界各地で架線のない路面電車が生まれている。

その代表的なものが、蓄電池搭載の電車である。

架線から集めた電気をいったん貯めておき、それを利用して架線のない区間でも走ることができるのだ。

たとえば、フランス、ブラジル、台湾などでは、一定の区間は電線なしで走る路面電車を見ることができる。

じつは日本でも、栃木県のＪＲ東日本烏山線で走っている。

リチウムイオン電池を床下に搭載してあり、約20キロメートルの区間を蓄電池で走行しているのだ。

〈山〉の雑学

富士山の所有者は？

日本を代表する名山である富士山は誰のものかと聞かれると、一瞬答えに窮してしまうが、じつは「所有者」が存在する。

富士山の標高3360メートルから上の部分は、富士宮市に総本宮を構える「浅間神社」の私有地なのである。もともと富士山は徳川家康が所有していたが、家康が浅間神社に寄進したとされているのだ。

その後、1871年に一度は国有地となり、太平洋戦争後に元の寺社に国有地が返還されるようになっても富士山頂だけは国有地のままだった。そこで裁判となり、今は浅間神社に戻っている。

世界一遭難者が多い日本の山は？

山では毎年、登山者が命を落とす事故が

絶えないが、世界で最も多くの犠牲者を出している山は日本にある。それは、群馬県の谷川岳で、世界一遭難死の多い山としてギネス認定されているのだ。

　トマの耳（1977メートル）、オキの耳（1963メートル）というふたつの頂を持ち、初心者から上級者まで楽しめるいろいろなルートがある山だ。

　しかし、見た目以上に険しく、切り立った岩肌が人間を拒絶しているようにも見える。

　天候の変わりやすさもあって、統計を取り始めた1931（昭和6）年から2012（平成24）年までに、なんと805人もの死者が出ており、「死の山」とか「魔の山」などと呼ばれている。

「○○合目」は何を示している？

　山登りをしながら「今、何合目？」と確認し合うことがある。登山でなくても、たとえば仕事で何らかのプロジェクトが進行している時に「もう五合目あたりまで来た

かな」などと言ったりする。

この「合目」という単位について、標高を10で割り、頂上が10合目と思っている人も多いが、まったく違う。じつは、標高や高さとはまったく関係がないのだ。

「合目」とは、登りやすさ、所要時間、休憩場所があるかどうかなどを考慮したうえで、山ごと決められている数値なのだ。

たとえば、A山の5合目とB山の5合目は同じ標高ではないので、登るのが困難な山のほうが5合目までの道のりが遠くなるというわけだ。

ちなみに、富士山の5合目は標高2305メートルになる。つまり、頂上の3776メートルの半分よりも高いところにあるわけで、上に登るほど険しく困難だということになるのだ。

「日本国」という名の山がある？

日本を征服した気分に浸れるかもしれない山がある。それはズバリ「日本国」だ。

新潟県村上市と山形県鶴岡市との境にあり、標高は555メートル。この数字にちなんで毎年5月5日に山開きが行われ、多くの登山客が訪れる。日本海に近いので、昔から漁師が帰港するための目印にした山としても知られている。

ところで、なぜ日本国という名前がついたのかというと、大和朝廷の支配が及ぶ最北端がこの地にあり、ここまでを日本国としたとか、この山で捕えた鷹を徳川家光に献上したところ、家光が大いに喜んで日本国の名前を与えたという説がある。

〈海〉の雑学

サンゴは石でも植物でもなく動物である

サンゴは石か、それとも植物か。正解はそのどちらでもない。サンゴは動物なのだ。

分類としては「刺胞動物」に属する。「刺す」という漢字が入っていることからわかるように、クラゲやイソギンチャクの仲間だ。じつは、触手に毒針を持っているのである。

また「腔腸動物」にも分類される。食べ物と排せつ物が同じ口から出入りするのが特徴で、ポリプと呼ばれる個体が分裂して群体をつくる。サンゴ礁ができるのはこの性質があるからだ。

ひとつの群体には、数百から数万にもおよぶ個体が集まっている。だから広大なサンゴ礁ができるのである。

また、ポリプには褐虫藻という藻類が共生しており、二酸化炭素を吸収して酸素を吐き出す働きをしている。海を浄化したり、防波堤の役割もあり、地球全体の環境のために大きな役割を担っている。

地球ができたころの海水は、すっぱかった？

海水を舐めると、かなり塩辛い。これは海水には塩素イオンやナトリウムイオンなど、天然に存在する92の元素のすべてが溶け込んでいるからだ。

ところが、約46億年前に地球が誕生したころの海水は、塩辛いというよりもすっぱい味だったと考えられている。

生まれたばかりの地球はかなり高温で、内部から噴き出した多量のガスの中に水素や水蒸気、塩素などが含まれていた。

やがて地球の温度が下がってくると、空中にさまよっていた水蒸気が冷やされ、それが雨となって地上に降り注いだ。そして再び地球の温度が上がってくると、今度は地下に浸透した水が熱せられて地上に吹き出した。それが海の誕生である。

その原始の海は、塩素ガスを溶け込ませ、雨と一緒に海に溶け込んで塩酸となった。

〈街〉の雑学

東京タワーの1日あたりのライトアップ費用は？

今もなお、首都・東京のシンボルとして人気を集めるのが東京タワーだ。東京スカイツリーが完成したあとも、けっしてその存在感は失われていない。

その東京タワーの魅力のひとつは、ライトアップだ。「午前0時に光が消える瞬間を一緒に見たカップルは幸せになれる」という都市伝説もあって、人気が絶えることはない。

ところで、あれだけの建造物を輝かせる照明だから、電気代もかなりかかるように思えるが、東京タワーの管理会社によると、オレンジ色のランドマークライトを日没から深夜までライトアップすると、その電気代は1日平均で21000円程度だという。案外安いと感じる人もいるのではないだろうか。

ちなみに、東京タワーは赤いと思っている人もいるが、正解はオレンジ色だ。インターナショナル・オレンジという色と白色とで塗り分けられている。

これは飛行機などから認識されやすいようにするための配色で、航空法で定められたものなのだ。

ホテルや旅館で宿帳を書く意外な理由

サスペンスドラマなどで犯人がホテルや旅館の宿帳にウソの名前や住所を書く場面があるが、その行為は法律違反だ。

多くの人が宿帳は忘れ物があったときに連絡できるように書くものと思い込んでいるだろうが、それは間違いである。

本当の理由は、伝染病や食中毒が発生した場合に、罹患の恐れのある宿泊者を追跡調査するためなのである。

恐ろしい病原菌を持っているかもしれない旅行者の足取りがわからなければ、感染拡大の恐れがある。それを食い止めるための〝記録〟なのだ。当然「旅館業法」の中に明記されている。

〈道路〉の雑学

高速道路のトンネル内の非常口はどこにつながっている？

高速道路を走っていると、長いトンネルの中で非常口を見かけることがあるが、あれはどこにつながっているのだろうか。

高速道路のトンネル内には、約750メートルおきに「非常口」がある。その中に入っていくと、避難坑という別のトンネルか、または反対車線に出るようになっているのだ。

また、東京湾アクアラインにも非常口が設置されているが、これは車道の下を走っている緊急避難路につながっている。

高齢者や小さな子供、足の不自由な人でも利用できるように、階段ではなく滑り台になっている。2016（平成28）年に公開された映画『シン・ゴジラ』には、この非常口を利用する場面が登場した。

なお、首都高速道路には非常時用の階段

が設置されており、下の一般道に降りることができる。こちらは村上春樹の小説『1Q84』で頻繁に登場したので、覚えている人も多いだろう。

タイヤの摩擦音で音楽を奏でるメロディロードのしくみとは？

地方などに行ってマイカーを一定の速度で走らせていると、メロディが聞こえてくる道がある。一般には「メロディロード」と呼ばれるが、たまたま通るとちょっと得をした気分になって楽しいものだ。

メロディロードは、路面に切削を行うことで溝を作り、その溝の上を通過することで発生するタイヤと舗装の切れ目との接触で音を発生させたり、溝の上を走る時の振動などでメロディが奏でられている。溝の

幅や間隔によってきちんとしたメロディに聞こえるようにするのはなかなか難しい作業なのだという。

もちろん、排水対策やスピードの出しすぎをおさえるという目的もある。

実際、メロディロードの表示があるとつい速度を落としたくなる。運転するときはぜひ耳をすませてほしい。

高速道路の壁面を覆うツタは甲子園のツタだった？

高速道路を走っていると、壁面をツタが覆っているのを見ることがある。あれは自然に繁殖したのではなく、遮音壁やコンクリートをツタで覆うことにより冷たく硬質な感じを和らげたり、地球温暖化などヒートアイランド現象による環境負荷を少しでも軽減させるために人工的に這わせてあるのだ。

ちなみに、あのツタは日本全国、場所を問わず、ほとんどが甲子園球場に這っているツタが使われていたのをご存知だろうか。

壁面緑化に使用されるのは「ナツヅタ」という品種だが、しかし苗が少なく数が揃わなかった。

ところが甲子園球場の壁に繁殖しているのがナツヅタだということがわかり、種子を採取して、１９７２（昭和47）年から２００２（平成14）年にかけて約43万本が育成され、それが全国の高速道路に使われたのである。

現在は市場で入手できるようになったので育成は終わっているが、甲子園出身のナツヅタが這っている壁は今も残っている。

〈公園〉の雑学

横浜の山下公園はどうやって造られた？

神奈川県横浜市にある山下公園は、みなとみらいや横浜ベイブリッジなど港ヨコハマらしい風景を堪能できる、横浜市の代表的な観光スポットであり、市民にとって大切な憩いの場所でもある。

しかし、この公園がどのようにして造られたかを知っている人は案外少ないかもしれない。公園に立ったときにぜひ思い出してほしいのは、足の下にある地面は１９２３（大正12）年に起こった関東大震災の瓦礫ということだ。

相模湾沖約80キロを震源としたＭ７・９のこの大地震では、横浜も大きな被害を受け、大量の瓦礫が出た。そこで、それを使って海を埋め立てて造られたのが、現在の山下公園である。

つまりは、関東大震災の苦難から立直る

ための復興のシンボルともいえるのだ。

もちろん、横浜は大震災を乗り越えて世界有数の港湾都市に成長した。

山下公園はその歴史を今に伝える大切な場所なのだ。

国立公園、国定公園、国営公園はどこが違うの？

それぞれわずか漢字1文字の違いだが、国立公園、国定公園、国営公園にはどんな違いがあるのだろうか。

まず国立公園の定義は、自然公園法に基づいて設置される公園（自然の景勝地）のことで、環境大臣が指定して環境省が管理を行うことになっている。

また国定公園は、自然公園法に基づいて設置される公園（国立公園に準ずる自然の景勝地）で、環境大臣が指定して各都道府県が管理している。

さらに国営公園は、都市公園法の要件を満たす公園（都市公園）のことで、国土交通大臣が指定し、国土交通省が管理するということになっている。

ここまでくると一目瞭然だが、大きく違うのは管理者である。国立公園は環境省が管理するが、国定公園は都道府県が管理し、国営公園は国土交通省が設置・管理しているのだ。

井の頭公園の井の頭池を命名したのは誰？

東京都武蔵野市にある井の頭公園の井の頭池は、神田川の水源であり、現在は東京都の重要な水源となっているが、「井の頭」

という名前をつけたのは、あの3代将軍徳川家光だ。

江戸時代に初めて市中まで引かれた神田上水は、江戸の庶民の生活用水として利用され、江戸の発展を支える基盤のひとつとなった。

その水源である井の頭池は、まさに「井戸の源」であり、そこから「井の頭」という言葉ができたとされている。

もともとこの地は、歴代の徳川将軍が鷹狩をした場所であり、徳川家とは深い縁があった。井の頭公園として開園したのは1917（大正6）年である。

ただし、井の頭の命名者については、家光説以外に家康説や秀忠説などもあって確証はない。しかし、その起源が江戸時代の水の利用にあるのは間違いない。

〈建物〉の雑学

世界の高層建築が多い都市ランキング上位のほとんどがアジアなのは、なぜ？

２０１８（平成30）年末に発表された高層ビル（１５０メートル以上）の多い都市ランキングを見ると、１位香港（３５３棟）、３位ドバイ（１８７棟）、４位上海（１５７棟）、５位東京（１４７棟）、６位深圳（１３８棟）、８位重慶（１１８棟）、９位広州（１０５棟）、10位シンガポール（85棟）となっている。ベスト10にアジアの８都市がランクインしているのだ。

ところでなぜアジアに高層ビルが多く、欧米では少ないのだろうか。

大きな要因は、ヨーロッパの都市は古くから発達したので、商業地や業務地などが明確に形成されていることが挙げられる。

高層ビルを建てるとすればそれらの歴史的建造物などを広い範囲で取り壊すことになり、コストもかかるうえ文化の破壊にも

つながるのだ。

その点、アジアの都市が形成されたのは比較的新しいので、取り壊して新しいものを造ることへの問題点や住民の抵抗が少ない。

とくに中国は、広大な国土を利用して平面的な広がりで発展してきたが、近年は近代化の流れのなかで高層ビル建設に力を入れ、経済力と先進性をアピールしている。そのために、今後ますます高層ビルが増えると予想されている。

五重塔が地震に強い秘密

五重塔は地震に強い。実際、関東大震災や阪神・淡路大震災、東日本大震災などでは塔の倒壊はなかった。世界最古の木造建築物である法隆寺の五重塔は、7世紀末に造られて以降、ずっと同じ姿のままだ。

ところで塔が地震に強いのは、その構造に秘密がある。

たとえば、法隆寺の五重塔の内部には「心柱」と呼ばれる柱が貫かれている。これが塔を頑丈にしていると思われがちだが、じつはそうではない。この心柱は相輪を支持しているだけであり、塔のそれぞれの層とは連結していない。建物全体を支えているわけではないのだ。

そのために、塔全体の動きが〝自由〟になる。大きな揺れがきて底部が揺れても上部は揺れないし、逆に上部が揺れている時には底部は揺れない。つまり塔全体が蛇行するようにしなやかに動くので、重心が崩れてしまうことがなく、倒壊しないのだ。

ちなみに、釘を1本も使っていないことも重要なポイントのひとつだ。

五重塔は耐震設計の〝教科書〟といういい方もあるほどで、じつに学ぶものの多い建築物なのである。

なぜ江戸城は再建されなかったのか？

日本各地にある城の中には、一度は取り壊されたり焼失したりしても、その後再建されたものが多い。ところが、再建されなかったものもある。江戸城もそのひとつだ。

太田道灌により1457（康生3）年に建てられた江戸城は、1657（明暦3）年に起こった明暦の大火によって本丸、二の丸、三の丸を失った。江戸のほとんどを焼き尽くしたこの火災は、一説には10万人もの死者を出したといわれる大惨事だった。

徳川による治世はその後210年も続いたことを考えれば、当然江戸城を再建する機会もあった。しかし着手されることはなかったわけで、そこには江戸時代を通じて脈々と流れていた「質素倹約」の精神があったと考えられている。

明暦の大火は4代将軍・家綱の時代に起こったが、その後見人である保科正之は、江戸市中の再建や被災者の支援を優先した。その結果、失われた江戸城を再びよみがえらせるだけの財源がなかったのである。

　なお、現在では江戸城の一部が皇居に残っており、城門、詰所、櫓（やぐら）などを見ることができる。

上野の国立西洋美術館が真上から見ると真四角なワケ

　東京・上野の名所のひとつである国立西洋美術館は、上から見ると真四角をしている。

　この美術館を設計したのは、有名な建築家ル・コルビュジエである。一辺の長さは約41メートルの正方形になっており、これはまさにコルビュジエの建築哲学の反映である。

　観覧者は美術館の中に入ると、まず真四角の中央の「19世紀ホール」に立つことになり、そこから外へ向かって斜路をのぼり、それぞれのエリアへと向かうことになる。

　それはまるで巨大な巻き貝の内側を歩き、外側に向かって広がる空間をたどるような感覚だ。

　そこにあるのはコルビュジエのテーマである「無限成長建築」という考え方だ。外に向かうことで視界が開けていき、もし建物を拡張する場合には、外側に向かって継ぎ足していくという設計思想に基づいているのだ。

　西洋美術館はそのコンセプトを生かすために真四角という形になっているのである。

　ここを訪れたら、絵画や彫刻などの美術品だけでなく、その建物自体を内から外からじっくりと鑑賞してみてほしい。ちなみに、２０１６（平成28）年に世界遺産に登録されている。

〈カフェ〉の雑学

カフェと喫茶店の違いとは?

喫茶店とカフェには、法令上の明確な区別がなされている。

喫茶店は「喫茶店営業許可」を受けており、「酒類以外の飲み物又は茶菓を提供する営業」が許可されている店のことだ。一方のカフェは、「飲食店営業許可」を受けており、「食品を調理又は客に飲食させる営業」が許可されている店のことである。

これだけではピンとこないので、もっとわかりやすく説明すれば、アルコールを含まない飲み物と、トーストやケーキなどの軽食のみを提供できるのが喫茶店であり、店内での調理はできない。

それに対してカフェのほうは、調理全般が可能で、コーヒー以外にアルコール飲料も提供できる。そのため、喫茶店よりもメニューの種類が大きく広がることになる。

ちなみに、カレーライスやナポリタンなど店内で調理したメニューのある喫茶店も多いが、名前は喫茶店でも、きちんと飲食店としての営業許可を取得している。

アイスコーヒーの普及はアメリカよりも日本のほうが先!?

文筆家である石井研堂が書いた『明治事物起源』の中に、東京・神田の氷屋で「氷コーヒー」なるものを飲ませるという記述がある。1891（明治24）年頃の話なので、すでに明治時代の半ばにはアイスコーヒーは一般的に飲まれていたことになる。

それ以前にも、北アフリカのほうでコーヒーを冷やして飲む習慣があったが、一般には広がらなかったという。どうやらアイスコーヒーを好んで飲んだのは、日本人が最初だったようだ。

ただし、最初のアイスコーヒーは、コーヒーの中に氷を入れたものではなく、コーヒーをビンに入れて井戸水につけて冷やしたものだった。これは氷が解けて味が薄くなるのを避けるためだったという。

Chapter 2

まいにちの
雑学

〈料理〉の雑学

酢豚にパイナップルが入っているワケ

庶民的な中華料理として日本の食卓に根づいている酢豚だが、意外と好き嫌いが分かれるのが具材に使われているパイナップルである。

パイナップル入りの酢豚の歴史は意外に古く、中国の清朝までさかのぼる。

文化と経済の中心地だった上海には当時、中国にやってきた外国人が数多く暮らしていた。

彼らに対して、自慢できるような高級中華料理を提供したいと考えた料理人たちが、当時は高級な食材だったパイナップルを具材にした炒め物を考え出したのだ。

1個がなんと100万円近くしたというパイナップルを惜しげもなく具に使って炒めることで、中国の威勢を外国人たちに見せつけたかったのである。

缶詰に「食べ頃」はあるのか

フルーツや野菜、肉、魚などの長期保存がきく缶詰は便利な食品だ。災害に備えた保存食としてだけでなく、上手に使えば毎日の料理にも簡単にバリエーションをつけることができる。

その缶詰に記載されているのが「賞味期限」であり、これは美味しく食べることができる期限を意味する。これは食材によって異なるが、おおむね製造日から3年程度に設定されているものが多い。

この期限内であれば、美味しさは保証されているということになるが、より美味しく食べるにはどれくらいの期間を目安にすればいいのだろうか。

野菜などの水煮なら製造日に近いほうが

歯触りがよく、果物のシロップ漬けなら製造日から半年ほど過ぎると味がほどよくしみ込んでいる。

　また、サバ缶やツナ缶などのオイル漬けや、みそ煮などの肉や魚の缶詰なら、長く保存してあるほど美味しいという。

　とはいっても、あくまでも味の好みは人それぞれなので、賞味期限内で食べ比べてみるのもおすすめだ。自分好みの食べ頃を見つけてみよう。

一味唐辛子と七味唐辛子の違いとは

　うどんやそばなどの薬味から、炒め物や汁物のアクセントまで、唐辛子の用途は幅広い。一般的に唐辛子を使う時には、一味唐辛子か七味唐辛子を使うことが多いが、この一味と七味の違いは、使われている素材の種類（数）の差だ。

　一味唐辛子には、唐辛子だけしか使われていないが、七味唐辛子には唐辛子以外にもケシ、ゴマ、陳皮、山椒、ショウガ、海苔、菜種、紫蘇、麻の実などの素材がブレンドされている。

　ちなみに、一味唐辛子には唐辛子だけしか使われていないので辛みが強い。一方の七味は辛みがマイルドで、香りなどの風味がプラスされている。

　それぞれの特徴を知っておけば、料理によって使い分けることができるだろう。

チャーハンに使うなら「冷や飯」は本当か

　チャーハンは手軽な料理というイメージ

があるが、実際に作ってみると案外むずかしいことがわかる。レストランなどで出てくるような、米粒がパラッとほぐれてまんべんなく味がついている状態にするのは至難のワザなのだ。

ところで、家庭でチャーハンを作るときには、「冷たいご飯」を使うといいというのはよくいわれることだが、これには異論がある。

たしかに、冷や飯は炊き立てのご飯に比べれば水分の量が少ない分、仕上がりがべチャっとしない。しかし、ほぐすのに時間がかかってしまい、炒めているうちにダマになったり焦げついたりしやすいのだ。

その点、温かいご飯には水分が多いというデメリットがあるものの、ほぐれやすくて炒めやすい。炒め油の分量や火力に気をつければ、素人でも比較的パラッとしたチャーハンができやすいのである。

あんなに酸っぱいのに梅干しはアルカリ性食品

梅干しは日本の伝統食として古くから日本人に親しまれており、長期保存がきく食材としてだけでなく、民間薬として広く用いられてきた歴史を持っている。

体にいい健康食とされる梅干しの酸っぱさの秘密は、豊富に含まれているクエン酸にある。クエン酸には疲労回復効果や胃腸の働きを整える働きがあるのだが、名前に「酸」とあることからわかるように、酸性の物質だ。

しかし一般的には、梅干しはアルカリ性食品として知られている。

じつは、食品が酸性かアルカリ性かというのは、燃やしたあとの灰がどちらを示すかということで決められている。

梅干しは、燃やしたあとの灰がアルカリ性を示すので、クエン酸がたっぷり含まれているにもかかわらずアルカリ性食品なのである。

「イクラ」に漢字がないのは ロシア語だから

魚介好きの日本人にとって、ツヤツヤと輝くようなイクラの醤油漬けが山盛りにされたイクラ丼や、寿司屋で食べるイクラの軍艦は、ぜひとも食べたい贅沢な料理のひとつだろう。

日本人にはなじみが深いイクラだが、じつはイクラはロシア語由来の外来語であり、漢字は当てられていない。

ロシア語で「イクラ」といえば、魚の卵全般を指すのだという。日本では、サケやマスの卵であり、卵巣の中に入ったままのものを筋子、バラバラにほぐしたものをイクラという。

サケやマスの卵は古くから日本で食べられており、「はらこ」「ばらこ」「はららこ」「ぞろりこ」などと呼ばれていたようである。

そもそもなぜ 唐揚げにレモンなのか

ビールのお供に、お弁当の主役に、唐揚げは大人から子どもまで大好きな国民的フードといっても過言ではない。

家庭の数だけ味つけがあるともいえるが、山盛りの唐揚げの皿にそっと添えられているといえば、レモンだろう。

　唐揚げにレモンを絞るか否かというのは、国際紛争並みの対立が生じかねないテーマだが、「食べ合わせ」という点から見れば理想的な組み合わせなのは間違いない。

　レモンには腸で脂肪が吸収されるのをおさえる働きがあるので、油で揚げた鶏肉と一緒にとることは健康面からもおすすめできる食べ方なのだ。

　とはいえ、複数で食事するときには、大皿に載った唐揚げにいきなりレモンを絞るのはまずい。食べ方も好みも十人十色であることを肝に銘じておきたい。

カレーをよそうときにお玉の底をルーにつけるとなぜこぼれない？

　カレーを鍋から器によそうとき、お玉の底からぽたぽたとしずくが垂れてしまうことがあるが、これを簡単に防ぐ裏ワザがある。

　お玉を鍋から離すときに、お玉の底の部分を鍋の中のカレーにちょっとだけ触れさせるのだ。たったこれだけで、お玉の底から汁気がなくなって、途中で垂れることがなくなるのである。

　これは、小学校の時に理科で習った「液体の表面張力」によるもので、お玉の底に残っているカレーが鍋の中のカレーの表面に触れると、その表面張力に引っ張られて吸収されるからだ。その結果、お玉の底がきれいになるのである。

　カレーに限らず、お玉でよそう汁物なら同じことがいえるので、ぜひ試してみて欲しい。

〈食べ物〉の雑学

・バルサミコ酢

「バルサミコ」とはイタリア語で「芳香性がある」という意味で、香油（バルサモ）から来た言葉だ。

白ブドウの果汁を発酵させてできた酢で、その名のとおり芳醇な香りが特徴である。

・きくらげ

〝き＋くらげ〟で、まさに「木になるくらげ」からきた名前だ。味が干したくらげに似ているのが由来だ。漢字で書くと「木耳」で、そのかたちが人間の耳に似ていることを表す中国名を当てている。

・かまぼこ

現在では板の上に載った半円柱型の食べ物だが、はじめはちくわのような形だった。それが、蒲の穂に似ており、鉾のようにも見えたことから、「がまのほこ」となり、

「かまぼこ」と呼ばれるようになった。

かまぼこが板につけられるようになったのは室町時代ごろだといわれている。

・きしめん

きしめんの名の由来はいくつかの説がある。雉の肉を入れた平うどんだったからとか、紀州公から尾張公に製法を伝えたから「紀州」がなまったという説がある。

また、碁石のように丸い形だったきしめんが、碁石麺または棊子麺とも呼ばれていたからという説など、真偽のほどはいまだにはっきりしていない。

・コロッケ

庶民の味の代表であるコロッケは、フランス料理のクロケットからきている。肉や野菜、魚などにホワイトソースをからめてパン粉をつけて揚げたもので、つけあわせや前菜として食べられている。日本でいうクリームコロッケのようなものだ。

では、このクロケットの語源だが、フランス語で「バリバリ噛む」の意味のクロッケー（ｃｒｏｑｕｅｒ）説をはじめ、スポーツのクロケットで使う道具の形説がある。

・ところてん

原料となる天草の古い名前である心太草を「ココロテイ」と読み、それがところてんとなまったという説がある。

また関西の方言で「トゴル」というものがあり、凝固するという意味を指す。それと天草の「テン」が合わさって、ところてんとなったという説もある。

・ちゃんこ鍋

ちゃんこといえば、本来は相撲部屋で食べる食事全般のことであり、鍋に限ったものではなかった。その語源は、江戸時代に長崎にいた中国人たちが鍋を「チャンクオ」と呼んでいたことからきているという。

ただしこれには異説もあり、ちゃんこの「ちゃん」は父、「こ」は子を指し、父親的存在である親方と、子どもである弟子たちが一緒に食べる食事をちゃんこと呼んだのだともいわれている。

・もんじゃ焼き

東京発祥の下町の味・もんじゃ焼きは、江戸時代末期から明治初期に生まれた。駄菓子屋の店先に集まる子ども達が、だしで

溶いた生地を鉄板の上で文字を書いて焼いていたことから、その「もんじやき（文字焼き）」から転じてもんじゃ焼きとなった。

ただ当時は具がなく、焼いた生地に醤油や蜜をかけて食べていたのだという。

・ショートケーキの「ショート」

ショートケーキのｓｈｏｒｔには、「サクサクする」「ボロボロする」の意味もある。

日本に伝わった時、ケーキはサクサクとしたビスケット生地だった。それを不二家創業者の藤井林右衛門がふわふわしたスポンジにアレンジしたのだ。このスタイルのショートケーキは日本生まれなのである。

・モンブラン

フランス語で「白い山」を意味するモンブランは、その名の由来であるアルプス山脈のモンブランに近い地方で食べられていた家庭菓子がルーツだ。それをもとにパリの職人が考案したのが、マロンクリームを山に見立てて絞り出したケーキである。

本場のモンブランは「白い貴婦人」の別名がある山・モンブランに積もる雪を表すために、粉砂糖がかかっているものも多い。

・ワッフル

ハチミツが詰まった蜂の巣のことを、オランダ語で「ｗａｆｅｌ（ワッフル）」と呼ぶ。アメリカに移住したオランダ人が、アメリカの家庭料理だった蜂の巣模様のパンケーキのことを「ｗａｆｅｌ」と呼び、それが転じて「ｗａｆｅｌ」となった。

〈酒〉の雑学

ビールの王冠のギザギザはどこの国でも21個と決まっている

居酒屋などの飲食店以外ではめったに見かけなくなったのが瓶ビールだ。

昭和時代の子どもたちにとっては遊び道具であり、コレクションの対象でもあった瓶ビールの王冠だが、そのふちにあるギザギザの数は世界共通で、21個と決まっているというのは驚きだ。

瓶ビールの王冠は１８９２（明治25）年にアメリカで発明されている。力学的に3の倍数は安定しているために王冠が外れにくくなるのだが、ギザギザを18個入れたもので試したら、すぐに外れてしまったという。それならばと、24個にしたら今度はきつすぎて開けにくい。

21個というのは、力学的にも安定する絶妙な数であり、これが世界中に広まったのである。

金箔入りの日本酒って体に悪くないの？

おめでたい席で飲む日本酒には、少量の金箔を浮かべてあることがある。縁起がいいイメージから喜ばれているものだが、金といえども立派な金属であり、飲み込んでしまっても体に悪影響はないのだろうか。

金属が体内に入った時に何らかの影響があるのは、それが溶けたり錆びたりという反応をして吸収されてしまった時である。

その点、金は金属の中でも安定した構造になっていて、長期間置いても錆びないし、ほとんどの薬剤では溶けることがない。体内に入った金箔は、形を変えずにそのまま体外に排出されてしまうので、食品基準に従って食べるぶんには心配ないのだ。

ワイングラスの脚が長い理由とは？

ワイングラスの脚の部分（ステム）が、すらりと長い理由は「手の温度がワインに伝わりにくいため」という説がある。

たしかにワイングラスを持つ時にステムを持てば、ワインに手の熱は伝わりにくくなるだろう。

しかし、じつはステムだけを持つのはテイスティングの時だけで、それ以外の時はカップの底に指を添えて持つのが国際的なマナーなのだ。

つまり、ステムだけを持って飲むのは日本独特のルールともいえる。ワインを温めない程度に、指を添えて持つのがおすすめだ。

「12年もの」のウイスキーを自宅で8年放置したら「20年もの」になる?

ワインは瓶詰されてセラーで保管されるうちに熟成が進み、どんどん価値が上がっていくものもある。

同様に、ウイスキーが瓶詰されたあとで熟成するならば、家に置いてあった12年ものが、8年後には「20年もの」になるのではないか…。

そう期待したとしたら残念なことだが、ウイスキーは瓶の中では熟成しない。買ったまま放置しておいても、美味しくなるということはないのである。

ウイスキーが熟成するのは樽の中に限られる。樽から瓶に移された段階で熟成は止まってしまうので、できるだけ早く飲み切るのがいいだろう。

ちなみに最近では、自宅熟成という謳い文句でウイスキー保存用の樽が販売されているようだ。熟成には温度や湿度などのさまざまな条件が関係してくるのだが、ウイスキー愛好家を自認するなら自宅熟成を楽しむのも面白いかもしれない。

〈鏡・ガラス〉の雑学

エレベーターや電話ボックスの中に鏡が貼られている理由とは？

マンションやオフィス、デパートやショッピングモールで利用するエレベーター内には、鏡が貼られていることが多い。

身だしなみをチェックするのにちょうどいいのだが、これは安全上の理由から法令で定められているのだ。

エレベーターの鏡は扉が開いた真正面に設置されている。つまり、内側を向いたまま扉の方を確認できる。このおかげで、車いすに乗った利用者が、方向転換をしなくても後ろが確認できるので、後ろ向きのままでエレベーターから降りることができるのである。

「後ろが見える」という理由で鏡が設置されている場所がもうひとつある。今ではあまり見かけなくなったが、公衆電話の電話ボックスだ。

電話ボックスに設置された電話機の少し上には鏡が貼られていて、見上げると自分の後方が映っている。もし電話を使いたい人が列になっていたらそれが見えるので、長電話を防止することができるのである。

透明ガラスはじつは透明ではない？

一般の家庭やオフィスなどの窓にはめられているガラスは、多くの場合が透明のガラスだ。これはフロートガラスと呼ばれる種類で、ガラス越しにものを見ることができるため、無色透明だと思ってしまうのだが、ガラスの断面に注目してみると緑色をしているのがわかるはずだ。

フロートガラスはソーダ石灰ガラスで、緑色の成分が多く含まれている。そのため、透明に見えても全体的に緑がかった色をしているのである。

本当に無色透明なガラスはといえば、理科の実験に使うビーカーやフラスコのようなものに使われているホウケイ酸ガラスが挙げられる。

不思議なマジックミラーの仕組みとは

片側から見るとふつうの鏡なのに、反対側から見ると透明のガラスで丸見えになるのがマジックミラーだ。

いったいどんなしくみなのかといえば、通常の鏡と同じように片側に水銀を塗って仕上げるのだが、ごく薄く塗ることで光の反射を少なくして、一部は透過するように仕上げているのだ。

そのため、暗い側から明るい側を見た時には、外から透過してきた光を感じることができるためにガラスのように透けて見える。反対に、明るい側から暗い側を見た時には、暗い側から透過してきた光が反射する光に紛れてわからなくなってしまうために鏡のように見えるのである。

「くもらない鏡」はなぜくもらない？

鏡がくもるのを防ぐために、さまざまな技術を使った「くもらない鏡」が開発されている。

まず、鏡の裏に電熱線を通して鏡を温め、表面が結露することを抑える方法があるが、電源を取れないところでは使えない。

また、あらかじめ鏡の表面に親水性の物質である酸化チタンをコーティングしておくことで、鏡の表面についた水滴は平らになる。水滴が水になじんで、形を保てずに平らに広がれば鏡の表面はくもらない。

鏡の内側に水の入った袋を仕込んで、外気の温度を鏡に伝えることで結露しにくいカーブミラーを開発した会社もある。

〈家電〉の雑学

電子レンジで温めても氷は解けにくい

冷えてしまった食品を温め直して食べることができる電子レンジは、現代人のキッチンには欠かせない家電製品だ。

ただ食品を温めるだけでなく、電子レンジ調理用のレシピ本がベストセラーになったり、電子レンジで温めればすぐに食べられるチルド食品のおいしさもどんどん向上している。

まさに万能調理家電といった具合だが、じつは電子レンジにも苦手な作業がある。氷の解凍が大の苦手なのだ。

電子レンジは、マイクロ波という電磁波を利用して温めている。

マイクロ波がレンジの中を跳ね回ることで、食品に含まれる水分子が振動して温度が上がるのだ。

ところが、氷は水分子が凍っているため

になかなか温度が上がらない。しかも、外側の氷が溶け出すと、そこにある水分子にマイクロ波が集中するために解凍にムラができてしまうのだ。

冷凍食品についても電子レンジでの解凍ムラは完全にゼロにはできないのである。

携帯電話の声を別人と間違えやすいワケ

かかってきた電話の声に聞き覚えがなく、名乗られて初めて誰だかわかったという経験はないだろうか。

固定電話でも、いわゆる余所行き（よそゆき）の声に一瞬戸惑ってしまうことがあるが、携帯電話の場合、じつはその声は本人のものではないのだ。

モバイル通信で音声を送る場合、本人の声を忠実に再現しようとするとデータ量が大きすぎる。

その場合、回線が混みあってしまえば、

かけてもかけても繋がらないという状態に陥ってしまうのだ。

そこで、音声をデジタル信号化する技術を利用して、音韻情報だけを抽出し、それを声の特徴が似ているデータと合成したものを送っているのだ。

たしかに一度分解されて再び合成された音声は本人の声とはいえないが、それほど違和感なく聞くことができるのも高度な技術のたまものなのである。

LED電球に変えたら「なんだか暗い」のはなぜか

省エネで寿命が長いという触れ込みで売れているLED電球は、消費者のエコ意識の高まりとともに急速に普及した。

自治体などの助成もあって、一般家庭でも電球をLEDに変える人も多かったのではないだろうか。

しかし、LED電球に変えたらなんだか部屋が暗くなったような気がするという声も多い。

それは、白熱電球とLED電球の発光のしくみの違いに原因があるのだ。

白熱電球は電球から全方向に光が広がる。それに対してLED電球は電球の上部しか光らず、光が届く範囲が狭い。天井に取りつけるシーリングライトではそれほど差がないのだが、吊り下げ型のライトやフロアランプなどでは、白熱電球に比べて暗く感じてしまうこともある。

明るさの感じ方は人それぞれだが、LED電球の明るさを表すルーメン数をよく見て選んでみよう。

〈ゲーム〉の雑学

トランプのK、Q、Jにはすべてモデルがいた

トランプの絵札であるキングやクイーン、ジャックにはそれぞれモデルがいる。

まず、キングだが、スペードはダビデ王で、ハートはカール大帝、クラブはアレキサンダー大王、そしてダイヤはジュリアス・シーザーだ。

クイーンは、スペードがギリシアの女神アテナで、ハートはユダヤの女傑ユディトもしくはジュリアス・シーザーの妻ジュディス、またはフランス王シャルル6世の妻イザボー・ド・バビエール、クラブはアンジュー公女マリーで、ダイヤは創世記に登場するヤコブの妻ラケルだ。

そしてジャックは、スペードがカール大帝の騎士オジェ、ハートがフランス王シャルル7世の傭兵隊長ラハイヤ、クラブはアーサー王伝説の騎士ランスロット、ダイヤがカール大帝の騎士ローランもしくはギリシア神話の勇者ヘクトールだ。

ここに挙げた以外も諸説あるようだが、いずれにしても歴史上のそうそうたるメンバーが勢ぞろいしていることは間違いない。

じゃんけんは「三すくみ」から生まれたお座敷遊びだった

「最初はグー、じゃんけんぽん！」などというかけ声で行うじゃんけんは、子どもの遊びだけでなく物事を簡単に決められる方法として日常のさまざまな場面で使われている。

グーとチョキとパーのいわゆる「三すくみ」は古くからある遊びのようだが、そのひとつが明治時代の花柳界にあるといわれている。

それは、お座敷遊びのひとつだった「とらとら」だ。
「とらとーらとーらとら」の歌声に合わせて、芸者と客が体を使ったじゃんけんをするのが「とらとら」で、近松門左衛門の浄瑠璃から誕生した遊びだという。
槍、虎、老婆のジェスチャーで勝負を競うのだが、三味線の音色に合わせて踊る芸妓の姿がなんとも趣ある遊びである。

将棋とチェスが似ているのは同じゲームから生まれたから

将棋は日本の伝統的なボードゲームだ。同様に海外に目を向けてみると、盤を挟んで向かい合い、駒を動かすゲームにチェスがある。

駒の形こそ違うが、将棋とチェスが似ているのは明らかだが、ルーツを知ればそれも当然だと納得できる。将棋とチェスは同じゲームから生まれた遊びなのだ。

古代インドで行われていたチャトランガというゲームがそのルーツだといわれている。

これが西洋に伝わってチェスとなり、日本に伝わって将棋となったのである。

碁石が白よりも黒の方がやや大きい理由

盤の上に黒と白の石を置き、自陣の大きさを競うのが碁だ。ちなみに、碁で使われるのが碁石で、正式なものは白が蛤貝、黒が粘板岩で作られている。

碁石の大きさを比べてみると、白よりも黒の方がやや大きくできている。これは、見た目の問題で、膨張色である白は同じ大きさの黒よりも大きく見えてしまうために、はじめから黒をやや大きくしているのだ。

白の碁石が直径21・9ミリなのに対して黒は直径22・2ミリで、厚さも白より黒のほうが0・6ミリほど厚い。碁石の厚みには何種類かあり、碁盤とのバランスで選ばれているのだという。

〈ファッション〉の雑学

男性用と女性用ではなぜシャツのボタンが逆なのか

洋装の場合、ボタンがあるシャツやコートは、女性と男性で合わせが逆になっている。ただ中世以前は、男性も女性も左前の洋服を着ていたのだという。

　ではなぜ現在のような着方になったのだろうか。

　男性のシャツが右の身頃を内側にして着る右前なのは、中世になって刀を腰に差す

ようになったのが理由だ。利き腕と逆側の上着の下に差した刀を、服の裾をよけて素早く抜くために都合がよかったのだ。

しかも騎士の多くは右利きであったために、左の裾が上側に来る「右前」のスタイルが定着したのである。

一方、女性は身分が高い人ほど自分で服を着ることがなくなった。側仕えが服を着せやすいように右身頃が上で、着せる側から見て左が手前になる左前のスタイルになったのだ。

なぜ卒業式に袴を着るのか

日本の民族衣装といえば着物だが、近年では日常的に身に着ける人は少なくなり、織りや染めなどに携わる職人たちもその技能を受け継げなくなるのではという危機感が強くなっている。

しかし、式典といえばやはり着物という人は多く、とくに卒業式や成人式には着物を選ぶケースが多いようだ。

なかでも卒業式では袴スタイルが人気だが、これは明治時代になって女学生が袴を身に着けて学校に通うようになったことの名残である。

大正ロマンの香りがする袴スタイルは、若者のレトロ趣味にも合致し、最近では小学校の卒業式に選ぶことが社会現象になるなど根強い人気を誇っている。

アンティーク着物がおしゃれアイテムとして人気があることからも、「卒業式に袴」という風潮がすたれることはなさそうである。

〈色〉の雑学

国旗はなぜ3色が多いのか

オリンピックやスポーツの世界大会では、世界各国のさまざまな国旗を目にすることができる。すると、世界の国旗には「3色」のデザインがかなり多いことに気づくはずだ。

これは、中世オランダで使われた三色旗がルーツになっている。

1581（天正9）年にスペインからネーデルランド連邦共和国として独立を宣言したオランダでは、オラニエ公ウィレムによって、紋章などの複雑な模様がない赤白青のシンプルな三色旗が作られており、その旗のもとに民衆がひとつにまとまっていった。

その後、オランダの三色旗は自由と独立のシンボルとなり、世界中の国々に認知された。その結果、多くの国々がオランダの国旗を真似た三色旗を作ったのである。

「流行色」は「国際流行色委員会」が2年前に決めている

ファッション雑誌などで、「今年のトレンドカラーは○○！」などという特集が組まれるのをよく見かける。

しかし、「来年のトレンドカラーは△△」という記事に対しては、なぜ来年の流行が今わかるのかと疑問に思ってしまう。

流行色というのは、実際に流行している色ではなく、流行させたい色なのだ。

流行色は、国際流行色委員会という組織で話し合われ、2年前に決定している。それに合わせてさまざまなファッションアイテムが作られることになるのだ。

季節が変わるとショーウィンドウのアイテムが流行色一色になるのには、こんなカラクリがあったのである。

飛行機に「白」が多い理由とは

昨今、さまざまなペイントの飛行機をみるようになったが、ベースになる色は圧倒的に白が多い。

その理由としてまず挙げられるのが、コストだ。白い塗料は比較的安価で、大きな飛行機を塗るためには見逃せないポイントである。

また、整備をするうえでもオイル漏れなどの異常が見つけやすく、熱を吸収しにくい性質から作業がしやすいというメリットがある。さまざまな利点から考えると、やはり飛行機は白なのである。

路線ごとに異なる電車の色は統一した決め方ではなかった？

ＪＲにしても私鉄にしても、電車には路線ごとにカラーが決まっている。路線図などを見るときも、路線ごとに色分けされているので目的地やルートを見つけやすい。

そもそも路線の色は統一した決め方があったわけではなく、それぞれに別の由来がある。たとえば、赤がテーマの東京メトロ・丸ノ内線は、当時の営団地下鉄の総裁が開業前に視察に行ったアメリカで買ったたばこの箱の色だ。

ＪＲ中央線のイメージはオレンジ色だが、これは関係者の妻が着ていたセーターの色だというから驚きだ。京浜急行線は赤、小田急線と東武線は青など、私鉄は企業のシンボルカラーをあしらうことが多い。

京王電鉄井の頭線や静岡鉄道、大阪市のニュートラムは列車の編成ごとに色を変えていて、乗客の目を楽しませている。

日本の伝統色「国防色」ってどんな色？

日本にはさまざまな名前がついた伝統色

があり、蘇芳、藍、萌黄、鈍色など、字面も雅な美しいものが多い。

そんななかで「国防色」という伝統色があるのだが、これはその名のとおり、軍隊で使用されていた色を指す。

この色は昭和初期に用いられた日本陸軍の軍服の色で、１９３４（昭和９）年に「国防色」と定められている。いわゆるカーキ色だ。

そして、色調に違いがあった陸軍の上着を１９４０（昭和15）年に国防色で統一したのである。

つまり伝統色とはいっても、その歴史は１００年に満たないのだ。

現在でも自衛隊関連の備品などには国防色が使われていて、ミリタリーグッズにもこの色が多用されている。

人類は最近まで青色が見えなかったってホント？

色の三原色といえば赤・青・黄だが、その中の青について意外な事実がある。じつは、人類が青を認識するようになったのはごく最近のことだというのだ。

世界各国の古代語を調べると、「青」を表す言葉が存在しないことがわかったのだ。

たとえば、古代ギリシャの詩人ホメロスが記した「オデュッセイア」の中には、青という言葉が一度も出てこない。海の色はワイン色と表現されているという。

これは、視覚的なことではなく、色の概念の問題で、虹の見え方が国によって違うのは有名な話。青に関しても言語にその概念がなければ見分けることができないのだ。

〈季節〉の雑学

春――なぜ4月から新年度？

新1年生や新社会人の第一歩として、桜の花びらが舞う4月はぴったりのシーズンだが、新年度が4月から始まるというのは明治政府が決めた比較的新しい習慣だ。

1886（明治19）年、明治政府は新年度の始まりを4月からと定めた。その理由としては、税金の納期に合わせたという説があるが、はっきりとはわかっていない。

それまでは開始時期がバラバラだった学校も、時を同じくして4月始まりに統一されている。そこで、企業も国に合わせて同様の措置をとったのである。

春――春といえば「桜」ではなく「梅」だった

令和の新元号は『万葉集』にちなんでいるが、歌集の中で詠まれた歌で、春を表す季語として圧倒的に多い植物は梅だ。

春といえば桜、というのはあとの時代になってからのことで、古来、春を表す植物の代表といえば梅だったのである。

実際、『万葉集』の中でも桜を詠んだ歌は40首ほどなのに対して、梅を詠んだものは100首以上にのぼる。

梅は3世紀の終わりごろに中国から伝来した。その香りや花の美しさもさることながら、梅の実などの薬効が珍重されて日本人に愛されてきたのである。

夏―アイスクリームには賞味期限がない？

暑い夏だけでなく一年中食べられているアイスクリームだが、よく見るとほかの食品のパッケージには当たり前のように記載されている賞味期限や消費期限が記されていない。

アイスクリームはマイナス18度以下の冷凍状態で保存される食品で、その条件では微生物は発生しないのだ。品質も劣化しづらく、理論上はいつまででも食べることができるということになる。

しかし、家庭用の冷凍庫の場合は、開け閉めが頻繁だったりして温度が一時的に上がることもある。買ったらなるべく早く食べたほうが美味しく味わえるだろう。

夏―関西と関東の線香花火は見た目がぜんぜん違う

夏の風物詩といえば花火だ。昔から庶民の間で楽しまれてきた花火には、地域色も色濃く出るようで、おなじみの線香花火も関西と関東では見た目がまったく違う。

スボ手牡丹と呼ばれる関西の線香花火は、茶色いワラでできた持ち手で、長いマッチ棒のような形をしている。一方の関東の線香花火は長手と呼ばれ、和紙をよってできたこよりの先に火薬がついているものだ。

ワラの入手や製作コスト、見た目の華やかさの点から、現在では関東風の長手が全国的に主流になっているという。

秋―鈴虫の声は電話の向こうでは聞こえない

携帯電話の通話のしくみは、音声データを一度分解して再合成するものだが、その音声は通常、人間の声の音域に設定されている。

つまり、この音域を外れている音は、携帯電話の向こうにいる人に届かないということになる。

秋の夜長の風物詩である鈴虫の音色は声の音域を超える。高性能の携帯であればともかく、庭で鳴いている鈴虫の声を電話越しに届けようとしてもむずかしい。

秋―モミジとカエデを区別しているのは日本だけ

紅葉シーズンになると、真っ赤に色づいたモミジやカエデが秋晴れの空の下で美しい景色を創り出す。

モミジとカエデは、じつは同じ植物で、葉っぱの切れ込みの数で区別しているにすぎない。外国ではこの2つを区別すらしておらず、すべて「メープル」だ。

モミジは染色で色を揉み出す「もみい

づ」から葉が赤く染まる様を「もみづ」というようになりモミジと変化したという。

一方のカエデは蛙の手のような葉っぱの形から「かへるで」となり、カエデと呼ばれるようになった。

冬―サンタのそりを引くトナカイは8頭か9頭と決まっている

クリスマスの主役といえばサンタクロースだが、プレゼントを満載して空を飛び回るそりを引くのはトナカイたちで、その数は9頭、もしくは8頭と決まっている。

8頭のトナカイは、1823（文政6）年にアメリカの新聞で発表された詩に出てくる。彼らにはダッシャー、ダンサー、プリッツェン、プランサー、ビクセン、キューピッド、コメット、ドンダーという名前がついている。

もう1頭は、クリスマスソング「赤鼻のトナカイ」のルドルフで、サンタのそりを引くのは光る赤い鼻のトナカイが描かれていたら9頭、そうでなければ8頭なのである。

冬―お歳暮は先祖の霊へのお供えものだった

季節にあった行事や習慣を表したものを歳時記というが、年末の行事のひとつが「お歳暮」だ。

お世話になった人に贈り物をするこの習慣は、古来、正月に先祖の霊を迎えるために用意する供物を年内に分家から本家に持っていくという習慣から生まれたものだ。

昔のお歳暮は、数の子、塩鮭、スルメなどが贈られた。

〈年中行事〉の雑学

こいのぼりの吹き流しはなんのためにある？

端午の節句に子どもの健康を願って飾られるこいのぼりには、黒い真鯉、赤い緋鯉、青や緑の子鯉と一緒に、吹き流しが飾られることが多い。

吹き流しは歴史が古く、源平時代から旗印などとして飾られていた。そのルーツは中国にあり、万物を木・火・土・金・水で

表す五行説に則っている。

こいのぼりと一緒に吹き流しが飾られるのは、子どもの無事な成長を願う魔よけの意味が込められているのだという。

大人になれずに命を落とす子どもが多かった時代には、単なる年中行事以上に親の祈りが込められた重要なアイテムだったのだろう。

ウサギの餅つきは日本だけ？

満月を見上げて、「お月様でうさぎが餅つきしているよ」と親から教えられたり、我が子に語りかけた人は多いだろう。たしかに輝く満月の表面には、餅をつくウサギのような模様が見える。

しかし、これは国によって見え方が違う。

中国では「薬草を挽くうさぎ」や「大きなハサミがあるカニ」に見える一方、インドネシアでは「編み物をする女性」だったり、中南米では「ロバ」に見える。

また、ベトナムでは「木の下で休む男性」であり、カナダの先住民は「バケツを運ぶ少女」、北欧では「本を読むおばあさん」といったようにバラエティーに富んでいる。

同じ月の模様を見ても、そこから連想するイメージはお国柄や文化によって違っているのだ。

節分にはなんで豆をまくの？

「鬼は外！　福は内！」のかけ声とともに鬼を追い払う豆をまくのが節分の風習だ。

節分は旧暦の正月の前日、つまり大みそかに行われていた。冬から春になる節目となる節分に、厄を払ってすがすがしい新年を迎えるための行事だったのである。

日本では、穀物全般に邪気を払う力があるとされていたのだが、なかでも大豆は米や麦と同じように力があるものとして扱われていた。

日本の食生活のなかでも、大豆がいかに重要な役割を果たしているかを考えれば、その存在を大切にしていたのもうなずける話だ。

炒った大豆を鬼に投げたら、目に当たって退治できたという伝説も残っているようで、節分には炒った大豆をかけ声とともにまくのが新しい年を迎えるための大切な行事だったのである。

そもそもお盆の「盆」は何の意味？

先祖の霊を迎え火を焚いて迎えて供養したのちに、送り火を焚いて送り出すのがお盆だ。サンスクリット語のウラバンナが変化した盂蘭盆会（うらぼんえ）という仏教行事がもとになっている。

ウラバンナとは「逆さづり」という意味で、逆さに吊られるような苦しみから救うための法要となった。日本では地方によってお盆の期間にはずれがあるが、その意味は先祖の霊を迎えるということで共通している。

江戸時代には奉公人が実家に帰ることができる「藪入り」が盆と正月に設定されていて、いかに日本人がお盆を重要視してきたかがわかる。

端午の節句に金太郎を飾るわけ

端午の節句には、鎧兜と一緒にこいのぼりや武者人形などさまざまなものを飾るのだが、その中のひとつに「金太郎」の人形がある。

まさかりを担ぎ、熊に乗った金太郎の人形が表しているのは、ほかの人形と同じように子どもの健やかな成長である。

金太郎のモデルは、平安時代に実在した侍で、源頼光の家来となった坂田金時だ。金時は酒呑童子を退治したという伝説のある人物で、歌舞伎や浄瑠璃作品のモデルにもなっている。

のちに健康のシンボルともなった金太郎は、子どもの成長を祝う端午の節句にぴったりの飾り物だったというわけである。

ひな祭りは人形を飾る行事ではなかった

3月3日の桃の節句といえば、ひな人形を飾るひな祭りだ。女の子の成長を祝う行事として今でも行われているが、今のようにひな人形を飾る行事として定着したのは江戸時代になってからだ。

ひな人形のルーツは中国と日本にあった禊祓の風習や、人間の形に見立てた紙の人形を体に当てて、穢れをはらうという「人形（ひとがた）」が融合したものだった。

現在でも、流しびなという行事が行われる地域があるが、これは古来の「穢れを払う」という意味を受け継いでいるものだ。

〈神社とお寺〉の雑学

鳥居の色や形や材質は自由ってホント？

外国の観光客にとって神社は、日本という国を象徴するという代表的な観光スポットだ。その神社の入口に設置されているのが鳥居だが、有名な京都伏見神社の赤い鳥居や出雲大社の巨大な鳥居まで、日本各地にさまざまな鳥居が存在する。

そもそも鳥居というのは「ここからは神域です」という目印として建てられているものだ。鳥居をくぐって一歩神社の中に足を踏み入れたら、そこは神の領域となる。

驚くのは、鳥居には構造的な決まりはなく、色や形、材質に至るまで基本的には建てる人の自由だということだ。

神明鳥居、春日鳥居、明神鳥居、住吉鳥居などたくさんのスタイルがあるが、たとえば住吉神社に寄進するから住吉鳥居になる、という決まりはないのだ。

おみくじで凶が出たらどうするのが正しい？

初詣や合格祈願、七五三などの時は、神社仏閣に赴いておみくじを引くことも多いだろう。

どうしても吉だ凶だと気にしてしまうが、本来おみくじは神様からのメッセージが記されているものだ。

仮に凶が出たとしても、悪いことが起きるというお告げではない。今後の行動で、どのようなことに気をつけるべきなのかが記されており、戒めの意味合いが強いのである。

また、凶や大凶が出たら神社の木などに結んで帰らなければいけないと思い込んでいる人も多いが、これに決まりはなく、戒

めを常に身に着けておきたい人は持ち帰ればいいし、神社でお焚き上げを望むなら指定の場所に結んで帰ればいいのだ。

お守りはいくつ持っていてもいいの？

神様が喧嘩をしてしまうからお守りは複数持っていてはいけない、という話を聞いたことはないだろうか。

実際のところはどうなのかといえば、神様はそんなに狭量ではないそうだ。

日本はそもそも万物に神が宿るという多神教の考え方で、八百万の神々が生活に根づいて信仰されてきた。

つまり、神様が共存するというのは日本では当たり前のスタイルで、信仰上のタブーにはならないのである。

神社は夜閉まっているけれど夜に参拝してはダメ？

多くの神社では参拝時間が決まっており、初詣などの特別な場合を除いては夜間は閉まっているところが多い。

理由はさまざまだが、夜は神様の時間であり、参拝するべきではないという考え方が一般的のようだ。

しかし、ライフスタイルの変化や、観光地などの事情から夜間参拝が可能な神社も増えてきた。提灯などでライトアップされた幻想的な雰囲気に、昼間とは違った魅力を味わえるのが夜間参拝である。

しかし、特別に夜間参拝をうたっていないところであれば、やはりその時間は避けたほうが無難だろう。

〈社会〉の雑学

選挙の「零票確認」って何？

国政選挙でも地方選挙でも、選挙当日は指定の投票所に行って貴重な1票を投じるのが日本の選挙システムだ。

ところで選挙の朝、やたらと早く投票所に行って、開門前から並んでいる人がいるのをご存じだろうか。

これはおそらく「零票確認」をしたい人である。

投票開始時間になると、選挙の立会人は一番最初に並んでいる人に投票箱の中を確認してもらうことになっている。つまり、箱の中は空であり、不正は行われていないことを確認してもらうのだ。

一部の人たちの間では、この零票確認の権利を得ようとして、立会人よりも先に早朝から並ぶのが選挙当日の風物詩となっているようである。

折ってもすぐ開く！投票用紙「ユポ紙」

候補者の氏名を書くときに、投票用紙を改めて触ってみて欲しい。ただの白い紙だと思ったら大間違いで、これはユポ紙という特別な紙なのだ。

選挙は即日、または翌日開票され、膨大な数の投票用紙を人間の手で確認しなければならない。もし投票をする時に折りたたんだ投票用紙をいちいち手で開かないといけないとなったら、時間がかかって結果が出るのが遅くなってしまううえに、用紙を破損しかねない。

その点、ユポ紙は折りたたんでも時間がたつと自然に開く。原料には合成樹脂と天然鉱物を利用していて、投票箱の中で一定の時間が過ぎると投票用紙は開いていく。

迅速な開票には欠かせないユポ紙が、日本の選挙制度を陰から支えているのである。

国会で議員を「くん」付けで呼ぶ理由

国会中継を見ていると、発言者をさす時に「くん」をつけて呼んでいるが、これは国会で規約として決まっている。

この習慣を始めたのは、幕末に活躍した吉田松陰だ。松下村塾という塾を開いていた松陰のもとには、位の高い武士だけでなく、下級武士や農民などさまざまな肩書を持つ人が集まっていた。

そこで、位が下の者が上のものに意見を言いやすくするために、どんな階級の人でも「くん」をつけて呼ぶという約束ごとをつくったのだ。

そして、松下村塾出身の伊藤博文が初代の総理大臣に就任すると、その習慣を国会にも持ち込んで国会議員をくんづけする規約ができたのである。

獲得票数が同じだったらどうする？

めったにないことだが、選挙の結果、得票数がまったく同じという事態もある。この場合どうするかは、ちゃんと公職選挙法第95条に記されている。

「当選人を定めるに当り得票数が同じであるときは、選挙会において、選挙長がくじで決める」と定められており、ようするにくじ引きで決めるのだ。

有権者が少ない地方の町長選や議員選挙ではたまにある。

〈刑事ドラマ〉の雑学

刑事ドラマに必ず登場する「鑑識」の仕事とは

刑事ドラマなどを見ていると、事件があった現場に呼ばれるのが「監識」と呼ばれる立場の人間だ。

監識はもちろん警察官で、現場に残された毛髪や皮膚、遺留品などの採取、モンタージュなどの作成、タイヤ痕の調査など、ありとあらゆる証拠を採取して調査するスペシャリストだ。

所属は各都道府県の警察にある刑事部門内の監識課で、任用試験を受けて適性が認められれば配属される。

ドラマなどの影響からなのか志願者はかなり多いのだが、新人がいきなり監識課に配属されるのはむずかしい。最初に配属された部署で経験を積んでから異動のタイミングを待つというのが一般的なコースなのだという。

制服を着た警察官は土砂降りでも傘をささせない？

要人の警備や事故の処理などの交通整理にあたっている警察官を思い浮かべてみてほしい。仮に土砂降りの雨の中であっても、傘をさしている姿が思い浮かぶだろうか。

任務中の警察官は、どんなひどい雨でも傘をさすことは許されていない。理由は、手がふさがることでいざという時の動きが妨げられたり、目立ってしまうことで任務の邪魔になるからだ。

傘をさせない代わりに、レインコートや外套などは撥水性に富んだ素材で作られているが、まったく濡れないということはない。悪天候にも関わらず淡々と任務を遂行するというわけだ。

なぜパトカーは黒と白？

日本の警察車両は、おなじみの黒と白のツートンカラーで統一されている。しかも、下が黒、上が白の配色だ。この配色になったのは、１９４８（昭和23）年から１９４９（昭和24）年頃のことだ。

敗戦後、日本を占領していたＧＨＱのもとで、各自治体は警察組織を置いた。そこで使われた車両が、アメリカのジープを白く塗ったものだったのだ。

しかし、当時の日本の道路は舗装されていないところが多く、車両が泥はねなどで汚れてしまう。そこで、特に汚れがひどくなる車両の下の部分を黒く塗ったセダン車を採用し、それが今の規格となった。

〈災害・地震〉の雑学

ゲリラ豪雨はじつは不適切用語

短時間の急激な降水で道路が冠水して被害が出るような雨のことを「ゲリラ豪雨」と呼ぶ。近年では毎年のように見られるが、じつはゲリラ豪雨という言葉は正式な気象用語ではない。

「ゲリラ」という言葉には、戦争やテロリズム、予測不能な状況というイメージがついているため、不適切な用語として気象庁では使っていないのである。

気象庁が使うのは、「局地的大雨」という言葉だ。それをマスコミが報道するときにあえて「ゲリラ豪雨」と言い換えているのである。

たしかに不穏なイメージがある表現だが、あまりにも的確に状況を表していたため、2008（平成20）年の新語・流行語大賞にもノミネートされたほどである。

「地名」に隠された災害の可能性とは？

　日本で、土地に関連する災害といえば「水害」がその筆頭に挙げられる。日本の歴史は換言すれば水害と治水の歴史でもあり、豊かな水資源とは切っても切れない関係にあるのだ。

　その土地の水害危険度を表しているのが、地名に残された水の名残だ。

　たとえば、谷、窪、沢、池、津、沼、洲など水にまつわる漢字が当てられている土地は、低地であり、軟弱な地盤であることが多い。

　逆に安全なのは、丘や山などの高地はもちろんだが、神社や人間にちなんだ地名で、古くから人が暮らしていたことを表している。

　たとえば、東京の根津や銀座、三軒茶屋など、そこに暮らしの名残があれば、住む場所として歴史があるということの証明になるのである。

災害の「災」の字に秘められた自然災害の歴史

　漢字はその形が意味を表す表意文字だが、「災」という文字の成り立ちは強烈だ。

　まず、下の部分は「火」で、古来、人間の役に立つ一方で火事などの大災害を引き起こしてきた存在だ。

　一方の上の部分は「く」が三つ並んだように見えるが、これは氾濫する川を表していて、水害という意味が込められている。

　火災と水害という、人類にとって大きな脅威であるふたつの災害をたった一文字で表している「災」の字は、考えるだけで恐ろしい表意文字なのである。

記録に残る最古の火災は『古事記』にしるされている

木造建築が多い日本にとって、火事は一瞬ですべてを焼き尽くしてしまう脅威でもある。古の時代でもそれは同じで、最古の火事は、なんと『古事記』に記録されている。

古事記の上巻に出てくる、コノハナサクヤヒメの出産のシーンで、夫のニニギノミコトに不貞を疑われたコノハナサクヤヒメが、火に焼かれながら出産することで身の潔白を証明しようとしたのだ。

火事のなか、無事に3人の子どもを産んだコノハナサクヤヒメだが、何とも激しい場面である。

地震の前兆を知らせるのはナマズだけではない

ナマズが暴れると地震が起きるというのは、古くから言い伝えられている。単なる伝説のように聞こえるが、実際に大きな地震の前にナマズが異常な行動をするのは事実で、東京都の水産試験場や各地の研究機関などでもその行動が研究されている。

大地震の前に異常行動がみられるのはナマズに限ったことではないようで、毛虫、ネズミ、雉、スズメ、鮪、みみず、カラス、蟻、コウモリ、シャコ、蛇、鯛など、記録に残っている国内の地震だけでも陸、海、空のあらゆるところで動物の異常行動が確認されている。

なぜ動物には地震がわかるのかというと、

地震の前に出る微弱な電波を感知するのではないかという説があるが、はっきりとは解明されていないのが現状だ。

砂漠での死因の一位は「洪水による水死」

照りつける日差しとカラカラに乾燥した一面の砂。砂漠と聞いて浮かぶイメージはそんな風景だろう。しかし、砂漠における災害でもっとも恐ろしいのは、「洪水」だというのだから驚いてしまう。

砂漠には雨季と乾季があり、雨が降るのは雨季である。砂漠の1年間の降水量は、およそ250ミリにも満たないのだが、問題は数日間でこの量が降ることなのだ。

砂漠で人間が暮らす場合は、地面が直射日光に耐えられるコンクリートで舗装されているか、舗装されていないところは乾いて固まった砂や土で覆われている。排水設備などは整っておらず、数日間で降る大量の雨には対応できないのだ。

それでも、例年並みの雨量なら対応できるのだが、雨量が多くなれば洪水が街を襲うことになる。

〈ノーベル賞〉の雑学

アインシュタインはノーベル賞の賞金を離婚の慰謝料に使った⁉

歴史に名を遺すような偉人が、非の打ちどころのない人格者であるというのはまれな話で、一般人ならとんでもない行状が伝えられていたりもする。

ノーベル物理学賞を受賞した天才科学者アインシュタインも、じつに情けないエピソードを残している。

アインシュタインは自分の浮気が原因で、40歳のときに離婚している。その際に、妻だったミレーバに「慰謝料はノーベル賞の賞金が出たら渡す」と言ってのけたのである。

彼のすごいところはその2年後、本当にノーベル賞を受賞したことだ。しかも約束どおり、その賞金は慰謝料としてミレーバのもとにわたっている。

現在ならSNSでいろいろと議論が起きそうなエピソードだろう。

ノーベル賞設立のきっかけは兄の死から

ノーベル賞の設立者がアルフレッド・ノーベルであることは周知の話だが、そのきっかけが新聞の誤報にあったことは意外と知られていない。

ノーベルは30代でダイナマイトを発明して巨万の富を手にした。石炭を採掘する際に岩盤などを砕くのに使われたダイナマイトは、ノーベルにとっては人々の暮らしを便利にする役立つ発明だった。

しかし、戦争で爆薬として使われるようになり、しだいにそのイメージが変わっていく。

ノーベルが50代半ばになった頃、兄が死んだことが誤って伝わり、新聞にノーベルの死亡記事が出てしまった。そこには、ノーベルが発明したダイナマイトが大勢の犠牲者を出したことが報じられていたのだ。

ショックを受けたノーベルは、手にした富を人類の役立つことに使いたいと思い、ノーベル賞を設立したのである。

「平和賞」だけがノルウェーのオスロで授賞式を行う理由

ノーベル賞はスウェーデンのストックホルムで発表されて授賞式が行われるが、平和賞だけは、ノルウェーのオスロで発表されて授賞式が行われる。

選考も、ほかの4つの賞はスウェーデンの団体が行っているのだが、平和賞を選考するのはノルウェーのノルウェー・ノーベル委員会だ。

これはノーベルの遺言なのだが、その理由は残されていない。

そのためはっきりしないのだが、一説では、もともとひとつの国であったノルウェーとスウェーデン両国に敬意を払った結果なのではないかということだ。

富山県にあるノーベル街道とノーベル賞の関係とは

富山県を走る国道41号線は、近年「ノーベル街道」と呼ばれるようになった。いったいノーベル賞と何の関係があるのかというと、これが面白い理由なのだ。

日本人のノーベル賞受賞者のうち、何と5人がこの道路と何らかのゆかりを持っているのだという。

ノーベル化学賞受賞者の田中耕一氏をはじめ、ノーベル医学・生理学賞受賞者の利根川進氏、ノーベル物理学賞受賞者の梶田隆章氏、ノーベル物理学賞受賞者の小柴昌俊氏、そしてノーベル化学賞受賞者の白川英樹氏だ。じつにそうそうたるこの5人のメンバーがこの街道に縁があるのだ。国道41号線は、地域振興に貢献しているのだ。

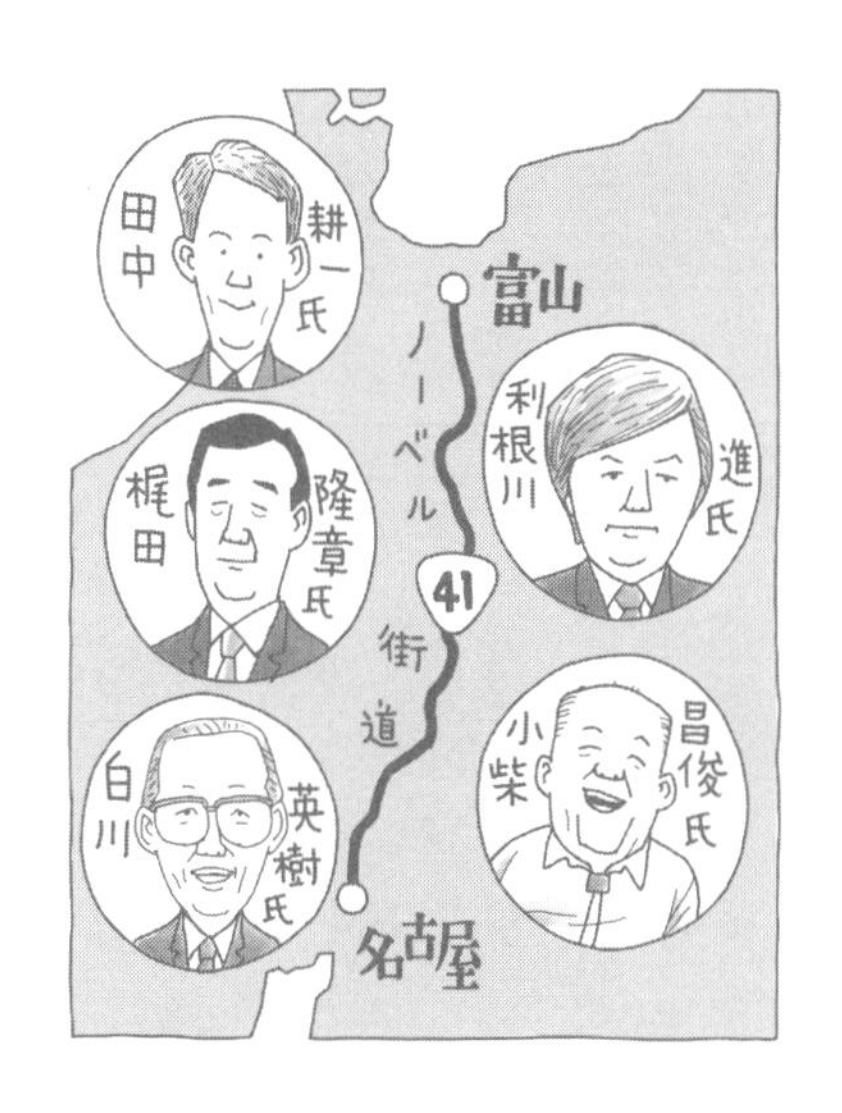

〈八百〉の雑学

「八百長」という言葉は実在の人物から生まれた？

うわべは真剣勝負に見せかけているが、じつは最初から勝ち負けが決まっている試合のことをさす八百長という言葉。その由来は、明治時代に実在した「八百屋の長兵衛」という人物とされている。

彼は伊勢海五太夫という相撲取りの碁仲間だった。碁の腕前は長兵衛のほうが勝っていたが、伊勢海は店の大切な客なので、つねに一勝一敗になるように自分で加減をしていた。

ところが、そのうち長兵衛の真の実力が知られるようになり、わざと負けていたことがバレてしまった。

これをきっかけにして、お互いが事前に示し合わせて勝ち負けを決めておく勝負のことを八百屋の長兵衛にちなんで、「八百長」というようになったのだ。

なぜ大阪は「八百八橋」といわれたのか？

江戸時代の大阪は水路の街であり、運河による物流の要となった都市だが、江戸時代には「八百八橋」という言葉に象徴されるように橋の多さを誇っていた。

といっても、実際に８００もの橋があったわけではなく、およそ２００余りだといわれている。

ただし、幕府直轄のいわゆる公儀橋は12のみであり、それ以外はすべて、町人たちが私財を投げ打って造ったものだった。

一方、江戸は３５０の橋のうち公儀橋が半分だったので、大阪ではいかに庶民の力が大きかったかがわかる。そこには庶民の生活の利便性を一番に考える大阪人の気質や、当時の大阪商人の経済力をうかがい知ることができる。

江戸は「八百八町」というが本当はいくつ？

江戸時代、江戸の町の大きさを表現する言葉として使われるようになったのが「八百八町」だ。

徳川家康が初めてこの地に入った時はひなびた寒村に過ぎず、町の数も３００あまりだった。ところが江戸の人口は爆発的に増えて、18世紀初頭には１００万人を突破して世界一の大都市となった。

その後、町の数は１７００年代半ばには８０８どころか、すでに１６００を超えていたといわれる。

「八百八町」という言葉はけっして誇張で

はなかったのだ。

「嘘八百」はなぜ八百か？

「八」はもともと「数が多い」ことを表す数字で、仏教の考え方といわれる。

前述したように「八百八町」や「八百八橋」も実際の数とは関係なく、ともかく数が多いという意味で「八」が使われている。

嘘八百も同じ発想である。この世の中には真実などほとんどなく、何もかもがウソばかりであるということを表現するために、あえて嘘八百という言い方をするようになったのだ。

「八百万（やおよろず）の神」というが本当はいくつ？

実際に八百万という神がいるということではなく、ともかく膨大な数の神がいることを表す言葉。古代の日本では、すべての事物には神が宿ると考えられていたのだ。

ちなみに「八百屋」という言葉も、たくさんの野菜を売る店ということから「八百」が用いられている。

〈結婚〉の雑学

結婚指輪はなぜ左手の薬指？

結婚式をしなかったカップルも、結婚指輪は用意したという人が多いのではないだろうか。

その結婚指輪を左手の薬指にはめる習慣は、古代ギリシャにそのルーツがある。

古代ギリシャでは、心臓は感情をつかさどっている場所だと考えられていた。左手の薬指には心臓に直接つながる血管が走っているとされ、感情、つまり心につながる場所だと考えられていたのである。

愛情で結ばれた2人が、互いの心につながる左手の薬指に指輪をはめることが結婚の象徴とされたのもうなずける話だ。

まさに神聖な誓いにふさわしい象徴的な儀式といえるが、ちなみに日本で婚約指輪を贈ったのは鎖国の頃らしく、その後、結納品として定着していったという。

ジューンブライドというが、なぜ6月なのか？

ジューンブライドは幸せになれるとして、6月の結婚式は日本でも人気だ。

しかし、日本の6月といえば梅雨入り前の時期で、近年では夏のような暑さや湿度が高い日も多く、お世辞にも快適な季節とはいえない。

そもそもジューンブライドはヨーロッパから入ってきた習慣だ。ヨーロッパの6月は年間でもっとも雨が少ない月で、天候もよく、絶好の結婚式日和が多い。

また、ローマ神話で結婚をつかさどる女神であるユノが守っている月が6月で、これも6月の花嫁が幸せになれるという由来となっているようだ。

本当のオシドリの夫婦は仲良くない

仲睦まじい夫婦を称して「オシドリ夫婦」というように、オシドリは夫婦仲がいい鳥だと思われているが、実際はまったく違うのだという。

オシドリがつがいで行動するのは繁殖期の前と繁殖期のみで、実質5か月ほどである。しかも、毎年つがいになる相手は変わるため、一生仲良く添い遂げるというイメージからはほど遠いのだ。

真実とはかけ離れたオシドリの姿だが、オシドリ夫婦と呼ばれるほど仲睦まじく見えても離婚する夫婦がいることを思うと、皮肉だがその状況を言い当てているのかもしれない。

〈ケンカ〉の雑学

ケンカは「15分以内」で仲直りするのが理想

たとえ親しい間柄であっても小さないざこざは起きるもので、時には声を荒げるような大きなケンカに発展してしまうこともある。

しかし、関係を断つ気がないのであれば、ケンカはなるべく15分以内に収めて仲直りするのがおすすめだ。

ケンカをしてから15分以内に謝ると、お互いに素直な気持ちを伝えやすくなるという研究データがあるからだ。

まさに「鉄は熱いうちに打て」といったところだが、気まずい思いを引き延ばせば事態はより悪化するだけである。

兄弟げんかが世界的なふたつのブランドを生んだ!?

世界的なスポーツ用品メーカーであるア

ディダスとプーマだが、じつはその創業者は兄弟だ。

　1920（大正9）年代の頃、ドイツのバイエルン州にあったダスラー兄弟商会において、兄のルドルフと弟のアドルフはともにスポーツ用品を製作して販売していた。

　しかし、台頭してきたナチスへの支持をめぐって2人は対立し、兄と弟は袂を分かつことになった。

　そして、兄のルドルフが立ち上げたのがプーマで、弟のアドルフが立ち上げたのが、自らのニックネーム（アディ・ダスラー）をとったアディダスだった。

　兄弟の対立は褒められたことではないが、結果として優れたスポーツ用品メーカーがふたつも誕生したことを考えれば、悪いことばかりでもなかったようだ。

ケンカは免疫力低下につながるからしないに越したことはないのは本当か

　笑いが免疫力を高めるのと反対に、ケンカが免疫力を低下させるということはよくある。眉唾なのかと思いきや、「夫婦げんかの多いカップルは血圧が高い」という研究結果があるのだという。

　アメリカの研究者が行った調査によれば、円満な結婚生活を送っているカップルは血圧が安定していい状態を保つ一方で、ケンカの絶えないようなカップルは独身者に比べても血圧が高くなる傾向があったという。

　また、イギリスの研究者の調査では、夫婦げんかが多いカップルは、心臓発作や胸の痛みを起こすリスクが円満夫婦に比べて30パーセント以上も大きくなるのだという。

〈右と左〉の雑学

左利きの武士は刀をどちらに差した？

日本人の９割が右利きだともいわれるが、左利きの人も一定数いる。時代をさかのぼっても同様で、帯刀していた江戸時代の武士たちの中にも左利きの人はいた。

では、左利きの武士は右側に刀を差したのかといえば、それは違う。刀を右に差すのは禁じられていたために、利き腕を右に矯正したのである。

その理由は、当時は道が左側通行だったので刀がすれ違いざまにぶつかることを避けたとか、対面して座る際に利き腕の側に刀を置いておくことで抜きにくくして敵意のないことを示す習慣があった、あるいは刀を置く側を統一する必要があったから、などというのがその理由だ。

ところで、左利きから右利きに矯正しても剣豪は変わらず剣豪で、宮本武蔵や幕末の剣士斎藤一は左利きだったといわれている。

オーケストラに左利きの演奏者はいる？

たくさんの楽器がステージ上で音楽を奏でるオーケストラの演奏者にも左利きの人は存在する。しかし、楽器は一様に右利き用にそろえられている。

たとえばヴァイオリン奏者で右肩か左肩に楽器を構える人が混在したら、演奏中に弦や楽器がぶつかってしまい、演奏どころではなくなってしまう。

そのため、左利きの人であっても、楽器を演奏するときは右利きの人と同じ楽器を使うのだ。

左利きの人にはつらいようにも思えるが、オーケストラで演奏するような実力を持っている人の場合、両手を器用に使いこなせるほどの練習を積んでいるため、左利きか右利きかはあまり問題にならないようだ。

動物にも右利き左利きはある？

利き手があるのは人間だけではない。犬や猫をはじめとした動物にも利き手があることはわかっている。

人間に近い類人猿では、ゴリラやチンパンジーは右利きが多いが、オラウータンは左利きが多というから面白い。

犬や猫は右利きと左利きが半々で、カエルはなぜか左側のものによく反応することから左利きなのではないかと考えられている。

人間においても、利き手がどのように決まるのかというのはまだ解明されていないが、性ホルモンの影響だとか、生活習慣によるものだとかさまざまな説がある。

「右に出るものはない」という言葉、なぜ右？

慣用句のひとつに「右に出るものはない」がある。これは右でも左でもいいわけではなく、右であることに意味があるのだ。この考え方のルーツは中国にあり、序列が左から右に行くほど高くなるという考え方に基づいている。

この慣用句はその習慣をもとにできているので、「それより秀でた者がいない」という意味を右に出るものがいないと表現したのである。

Chapter 3

にんげんの雑学

〈人体〉の雑学

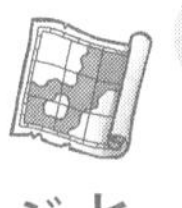

ヒジをぶつけてジーンとなるのは？

ヒジを思いきりぶつけると、ジーンとなって痺れることがある。これは肘関節の内側を強打したときに起こるものだが、痺れているのは肘のまわりではない。強打した側の腕の小指と、その周辺なのだ。

ふつう神経は人体の深いところを走っている。ところが、肘の関節の内側には皮膚のすぐ下に尺骨（しゃっこつ）神経というものが走っている。神経が浅いところにあるので、この神経が強く刺激されることにより、ジンジンするような痺れが走るのだ。

この部分に限らず、神経には強い刺激を受けると短時間だが麻痺するという性質がある。

ただし長い時間続くものではなく、やがておさまるので我慢しているとやがておさまってくる。

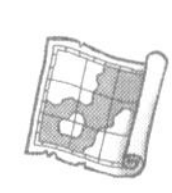

目をつぶると、なぜまっすぐ歩けないのか？

目を閉じたままだと、まっすぐ歩いているつもりでも必ず左右のどちらかにずれてしまう。理由はふたつある。

ひとつは、人間の体は左右対称ではないからだ。

たとえば、左側に心臓や肝臓があるし、骨格や筋肉も左右でまったく同じということはない。手足の長さも厳密に測定すれば右と左では違うし、手の振りなども左右では異なる。

だから歩いているうちに、どうしても体の重いほうや手の振りの大きいほうが前に出ることになり、左右どちらかに進んでしまうのだ。

もうひとつは、利き足があるということだ。左右の足を同じ歩幅で出しているつもりでも、人間には利き足があるのでどうしてもそちらのほうを強く踏み込んでしまう。だから、そっちの方向に歩いていってしまうのだ。

四十肩と五十肩のちがいは？

四十肩と五十肩に基本的な違いはない。症状もその原因も同じであり、発症する年齢によって四十肩と呼んだり五十肩と呼んだりするのである。

なかには、六十代で症状が出る人もいるが、年齢と症状に直接の関係はないのだ。

四十肩、または五十肩とは、正式には「肩関節周囲炎」という病名である。

肩の骨や靭帯、筋肉が衰えることで、肩やその周辺が痛くなったり、動かしにくくなるという症状が出る。とくに痛みがひどいときには、腕を上げられないこともある。また、朝起きた時に肩が痛むのも特徴だ。

これはおもに靭帯や筋力の低下によって起こるので、ふだんの生活のなかで肩をまわしたりストレッチをするなどの運動を定期的にすることで防ぐことができる。

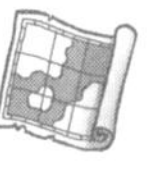

恥ずかしい時や暑い時に顔が赤くなる理由は？

恥ずかしい時や緊張した時、ほとんどの人は心臓の鼓動がいつもより早くなっている。ということは、いつもより大量の血液が体内に供給されているということだ。

顔の皮膚のすぐ下には毛細血管が集まっており、そこに大量の血液が流れ込み、そのために顔が赤くなるのだ。

極端な恥ずかしがり屋さんや緊張しやすい人、他人に接するのが苦手な人などに起こりやすいが、なかには交感神経や副交感神経のバランスが乱れている場合もあるので要注意だ。

また、暑い時に顔が赤くなる人もいる。これは自律神経による血行の調節が行われているからだ。人間は寒い場所では自律神経が血管を緊張させて熱を体内に閉じ込めようとする。

逆に暑い場所では、血管の緊張を解いて、血行をよくすることで体温を外へ逃がそうとする。これが、顔が赤くなる理由である。

つまり、体温の調節が正しく行われているということなのだ。

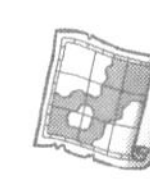

血管を全部つないだら10万キロメートル？

人間の体のすみずみまで張り巡らされているのが血管だ。

動脈や静脈、毛細血管があるが、そのすべてをつなぎ合わせると成人の場合、全長は約10万キロメートルになる。地球の円周は約４万キロメートルなので、じつに地球を２周半した長さになる計算だ。

なかでもとくに長いのが毛細血管だ。10万キロメートルのうち、約95％は毛細血管が占めている。

心臓から出た血液は、それらの血管を巡ってまた心臓に戻ってくるが、血液が心臓を出てまた戻ってくるまでにかかる時間は、わずか30秒である。

また、ひとりの人間の体内にある血液の量は、その人の体重の約８％になる。たとえば、体重60キロの人であれば、約４・８

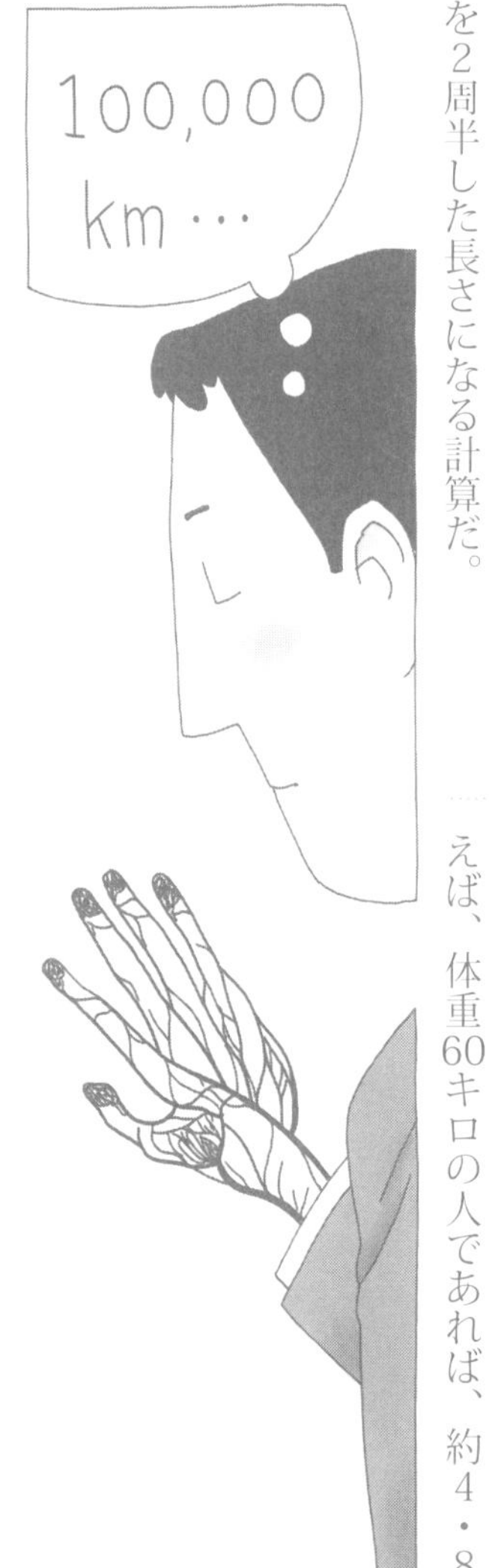

リットルが血液の量なので、血液の重さは4・8キロということになる。

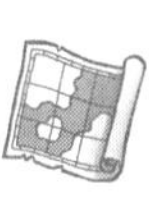

髪の毛の本数は、平均何本くらい？

髪の毛は平均的な日本人の場合、成人で約10万本といわれている。もちろん、髪の毛が多い人もいれば、少ない人もいる。多い人では約13～14万本、少ない人は約6～7万本になる。

ただし、本数が多いから髪の毛がフサフサに見えるというわけではない。髪質や縮れているか直毛か、太いか細いかなどによって見た目の印象はかなり変わる。

また、毛穴の数は生まれたときから決まっていて、増えたり減ったりはしない。ただし毛穴の数＝髪の毛の本数ではなく、ひとつの毛穴から何本も生えることがある。

抜け毛が気になる人もいると思うが、平均して男女ともに1日平均50～100本ほど抜けている。とはいえ、毎日新しい毛が生えているので、減っていくだけではないから安心してほしい。あまり神経質にならないほうがいいようだ。

人間の体は何個の細胞からできているか？

60兆個がその答だ。

これはもちろん、誰かが数えたわけではない。細胞の大きさを一辺10マイクロメートルの立方体と考え、密度を水と同じ1立方メートルあたり1グラムとした場合、体重が60キログラムの人の体は60兆個の細胞でできていることになる。

つまり、これはあくまでも計算上の数字で、長年にわたって「だいたいそれくらいだろう」と考えられてきた数字だ。しかし、じつは近年、かなりの誤差があるのではないかといわれている。

部位によって細胞の大きさが異なるからだ。それを考慮したうえであらためて計算し直した結果、２０１３（平成25）年に新たな数字が発表された。

年齢30歳、身長１７２センチ、体重70キロの人の場合、細胞の数は約37兆２０００億個というのがそれだ。現在はこのほうがより現実に近いと考えられている。

ちなみに、37兆２０００億個のうち、26兆３０００億個は赤血球だということになっている。ひとりの人間の細胞の３分の２が赤血球なのだ。

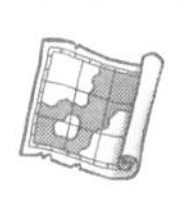

一生の間に、何回まばたきをする？

人間は、１分間にだいたい20回まばたきをする。これをもとに計算すると、１日にまばたきする回数は約１万９２００回になり、もしも70年間生きるとしたら、一生のうちに約5億回もまばたきをしていることになる。

まばたきは目の健康にとって大切な動きのひとつだが、近年はパソコンやスマホの普及でドライアイが増えている。

たとえば、約12秒間まばたきをしない状態が長く続くと、ドライアイになる可能性が高いともいわれている。意識してでもまばたきを頻繁にして、目の健康を維持するように気をつけたいものだ。

〈睡眠〉の雑学

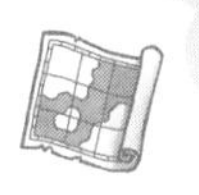

電車に乗ると眠くなる理由

電車に乗ると眠くなるのは、母親の胎内にいた時のことを思い出すからという説がある。

電車が発する音や振動が、母親の胎内にいる胎児が聞いている音や、感じている振動に近いので、つい心地よくなってウトウトしてしまうというわけだ。

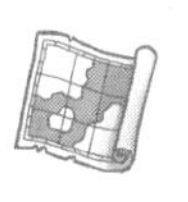

なぜ眠くなるとあくびが出るのか

あくびが出るのは酸欠状態になっている脳に新しい酸素を送り込むため、という説を信じている人もいるが、この考え方は近年では否定されている。

最近では、眠気とあくびの関係は「脳の温度」という観点で考えられている。

眠気は、脳や内臓の温度が下がると感じ

る。たとえば勉強をして脳が疲れたり、食事をして満腹になると、脳は休息をする。そのために血流の量が減少して脳の温度も低下し、これが眠気となって表れるのだ。

ここでもし脳が「今は眠ってはいけない」と判断すれば、血流量を増やすことで眠気に打ち勝とうとする。

しかし、脳の温度が上がることは身体にとっては危険である。39度まで上昇すると機能低下のおそれもある。

だから脳の温度が上がり過ぎないようにする必要があるわけで、そのために出るのがあくびだというのが近年の説だ。

人によって寝相が違うのはなぜ？

人間は眠っている間もなるべくラクな姿勢をとろうとする。他人から見て寝相が悪いと思っても、本人にとってはそれがベストな姿勢であることが多い。

また、いろいろな体勢になることで熱を放散させ、快適な体温に保つ目的があるとも考えられている。

身体だけでなく、神経を休めるためには、

「寝相がいい」よりもいろいろな姿勢になることでうまく神経を休めるほうがいいのだ。

だから寝相の良し悪しに関係なく、十分に休息できるように気持ちよく寝がえりを打つのが最もいい睡眠ともいえる。

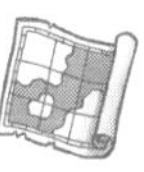

短時間睡眠の偉人、長時間睡眠の偉人

大きな業績を残した偉人には短時間睡眠、いわゆるショートスリーパーが多いといわれる。

有名なショートスリーパーといえば、睡眠時間3時間を誇るナポレオンだろう。ただ近年の研究では、彼は馬上や風呂の中で睡眠をとっていたことがわかっている。

4時間のエジソンも有名だが、やはりこまめに短い睡眠をとっていたらしい。

なかでも驚くのは、わずか90分しか寝なかったといわれるレオナルド・ダ・ヴィンチだ。

4時間ごとに15分だけ眠っていたと伝えられる。彼の偉業の数々を考えれば、もしかしたらありそうな話である。

逆にロングスリーパーもいる。アインシュタインは1日に10時間眠っていた。

50%の人は起きてから5分以内に見ていた夢を忘れる

人間はひと晩のうちに3回から5回は夢を見るというが、およそ半数の人は目覚めてから5分以内にその夢を忘れてしまう。そして残り半数の人も、時間をかけてゆっくりと忘れていくらしい。

どちらにしても夢を後々まで覚えていることはほとんどない。それは、夢は現実世界と関係しているといわれるからだ。

現実と何の関連もない夢は見ないものだ。実際に見たことや経験したことに想像が加わり、記憶が変形したものが夢である。

しかし、その内容はあまりにも現実とはかけ離れていて、生きていくうえではほとんど役に立たない。

だから、脳が不要なものとして早々に消し去っているのではないかと考えられている。

理想の睡眠時間は年齢によって違う？

よく睡眠時間は8時間が理想などというが、近年の研究では年齢によって睡眠時間は変化することがわかってきた。

まず生まれたばかりの新生児は、1日に16〜18時間も眠る。寝る子は育つという言葉のとおり、1歳くらいまでは15時間近く眠るのがふつうだ。

その後も10歳までは8〜9時間の睡眠が必要だ。15歳になると約8時間、25歳で約7時間と少しずつ減ってくる。

そして45歳になると6・5時間、65歳になると約6時間で十分ということになる。

高齢になるにつれて早起きになるとよくいうが、睡眠時間が短いのだから早く目覚めるのも当然だろう。

これは加齢によって生理機能が少しずつ低下するためである。あまり長く眠らなくても高齢者は体がもつのである。

〈記憶〉の雑学

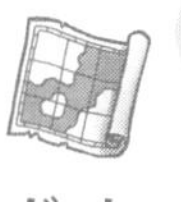

人間の記憶の容量はどれくらいあるのか？

そもそも人間は、どれくらいの量の情報を記憶できるのだろうか。近年の研究によると、人間の記憶容量は1ペタバイトもあることがわかっている。

1ペタバイトとは、書類がぎっしり詰まった4段の書棚にして2000万個分の情報量で、6億5000万人分のDNAを十分に保存できる容量でもある。

人間ひとりの遺伝子情報は60億ビット、約750メガバイトなので、その6億5000万倍ということになる。

人間の脳内にはシナプスとよばれる部分がある。これはニューロンと呼ばれる脳細胞の間で信号を伝える接合部のことだ。大きいシナプスほど機能が高くなり、ニューロンの記憶容量はシナプスの大きさによって決まる。

ちなみに、シナプスひとつを1ビットとすると、人間の脳には30兆バイトのデータが保存可能ということになる。

こういった数字を並べてもなかなかピンとこないかもしれないが、少なくとも想像するよりもはるかに膨大な記憶容量があることは間違いない。

1日のうちに「記憶に適した時間帯」はあるのか？

人間は、眠ることによって記憶を整理している。だから朝起きてすぐの時間帯は、脳の中の情報がスッキリと整理された状態なのだ。仕事でも勉強でも「朝型」がいいとされるのはそんな理由があるからだ。

朝が記憶に適している理由はほかにもある。朝起きたあとは空腹の状態だからだ。

人間の脳には、空腹だと記憶力が高まる性質がある。だから、朝食を食べる前の時間帯に集中して暗記すると効率よく頭に入ってくるのだ。

さらにいえば、人間は時間の制限を設けると記憶力がいつも以上に働くという性質がある。これは〝締め切り〟を設けることで集中力が増すからだ。

これらのことを考えあわせると、記憶に適した時間帯は朝になる。目が覚めてからすぐで、しかも朝食をとる前ということになる。ただ漫然と暗記をするのではなく、「何時まで」と時間を設定することで集中力がアップするのだ。

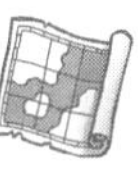

数字を覚えるコツとは？

長い数字を覚えにはコツがある。それは、イメージに変換するという方法だ。

まず覚えたい数字を2ケタずつに区切り、それぞれに何か具体的なもののイメージを当てはめていくのだ。

たとえば、969387292514という数字を覚えるとする。まず、それらを2ケタずつに分けていき、そこに何らかのイメージを重ねていく。

96（黒）、93（草）、87（花）、29（肉）、25（猫）、14（医師）などとすれば、それぞれにイメージがわくだろう。そのあとに、これらの言葉をもとにしてストーリーを考えるのだ。

「黒い草と花を摘んで、肉屋に行ったら猫に噛まれて、医師のところに行った」という流れをつくって、それを覚える。そして、あとで数字に変換するのだ。

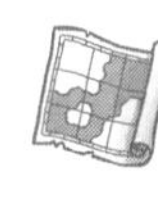

フランスの文豪の名前がついた「プルースト現象」とは？

フランスの大作家であるマルセル・プルーストの長編『失われた時を求めて』は、主人公が紅茶に浸したマドレーヌの香りを嗅いだのをきっかけにして、自分が子供の頃を思い出し、さらにいろいろな記憶がよみがえって、ついには400字詰め原稿用紙で1万枚にもおよぶ回想の物語が展開するという小説だ。

これにより、ある特定の匂いを嗅ぐことで、それに関係する記憶がよみがえることを「プルースト現象」と呼ぶようになった。

これだけならひとつの文豪のエピソードで終わるが、じつはここには人間の記憶に関する、あるひとつの特徴を見出すことができる。

嗅覚と記憶を司る部分は、脳においてかなり近い部分にあるのだ。嗅覚は、五感の中で唯一、記憶を司る海馬、そして喜怒哀楽などの感情を司る偏桃体がある大脳辺縁系とつながっている感覚である。

つまり、『失われた時を求めて』の主人公は、香りの成分が大脳辺縁系に直接届いたことから、感情を伴う遠い昔の記憶が次々と蘇ったのだ。プルースト現象は、その記憶のメカニズムを暗示しているといっていいだろう。

記憶にはいろいろな方法がある

記憶にはいろいろな方法がある。まず「長期記憶」と「短期記憶」だが、ある程度長い期間にわたって大きな容量のものを記憶するのが長期記憶になる。数分間から、ほぼ一生覚えているものもある。

それに対し、一時的に小さな容量のものを記憶するのが「短期記憶」だ。記憶が保持できるのはわずか数十秒か数分程度で、容量もかなり小さい。

また「感覚記憶」というものがあり、これは保存期間が最も短い。感覚器官に存在しており、一瞬保存されてしまいほとんど残らない。しかし、これは重要だと判断されたものは短期記憶として保存される。

そして、自転車の乗り方や機械の操作のしかたなど、一度記憶してしまえば長期間ずっと保持されて、あとになって自動的に機能する記憶がある。これを「手続き記憶」という。

ど忘れの理由は脳のワーキングメモリーの低下にあった！

近年の研究で、ど忘れの原因は「ワーキングメモリー」の低下にあることがわかっている。ワーキングメモリーとは、「作動記憶」や「作業記憶」といった意味で、わかりやすくいえば、ある目的のために記憶が一時的に貯蔵される部分のことだ。

たとえば雑誌や新聞を読んでいるときは、今読んだ内容を一時的に記憶しなければ次のページを読んでも理解できない。だから内容を一時的に記憶として蓄積しながら読み進んでいく。それをするのがワーキングメモリーだ。

ただ、このワーキングメモリーはとても容量が小さい。新しい情報が入ってくると前の情報はどんどん消えていく。さっきまで覚えていたはずのものを忘れてしまう、いわゆる〝ど忘れ〟はこうして起こるのだ。

これはトレーニングなどで改良できることではないので、ど忘れを避けたいと思うなら、こまめにメモをとるなどするといいだろう。

〈感染症〉の雑学

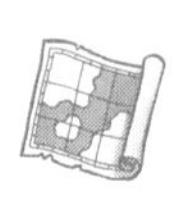

ペストの医師のマスクはなぜくちばし型？

新型コロナウィルスが世界中に蔓延する現代、かつて多くの人命を奪ったペストに注目が集まっている。

そんななか、過去にペスト禍を描いた絵画などを見ると、当時の医師たちは長いくちばしのついた不気味なマスクで顔を覆い隠していることに気づく。

あのマスクは17世紀のフランスの医師シャルル・ド・ロルムが考案したといわれる。

当時、ペストは悪い空気を介して感染すると考えられていた。そこで彼はくちばしの長さが15センチのマスクを思いつき、中に香料を入れて息とともにその香りを吸い込むようにした。それでペスト菌から身を守ることができると考えたのだ。

そのマスクはヨーロッパの医師の間に瞬く間に広まった。そして今、中世のパンデミックの象徴的なカタチになっているのだ。

もちろん、そのマスクに医学的な根拠はない。それでも多くの医師が使ったのは、逆にいえば、それだけ感染症への知識がなかったということである。

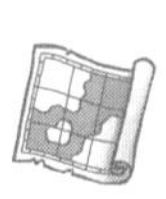

地球上では１００年周期で強烈な感染症が流行っている？

人類は２０２０年初頭に広まった新型コロナウィルスに苦しめられているが、過去においても数々の恐ろしい感染症に襲われてきた。ここで気になるのが「パンデミック１００年周期説」だ。

１７２０（享保５）年頃にフランスを中心に襲った「ペスト」、次に１８２０（文政３）年頃に世界的に流行した「コレラ」、そして１９２０（大正９）年頃に世界で５０００万人以上の人が死んだといわれる「スペイン風邪」…、こう並べるとたしかに約１００年ごとにパンデミックが起こっている。

もちろんこれについては科学的根拠はほとんどなく、オカルト的な俗説であるともとれる話だ。

しかし、次の１００年後、つまり２１２０年にも、新たな感染症が大流行するかもしれない。それを否定できる人はいないだろう。

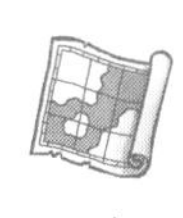

江戸時代の人たちが恐れた「コロリ」とは

日本でも過去に感染症が流行したことが何度かあるが、そのなかのひとつが「コロリ」だ。これは「コレラ」のことだが、かかればすぐにコロッと死んでしまうことから「コロリ」と呼ばれるようになった。

もともとはインドを流れるガンジス川流域の風土病だったコレラは、イギリスのインド進出をきっかけに19世紀のアジアで猛威をふるうが、日本にも１８２２（文政５）年に長崎に上陸した。

そして１８５８（安政５）年には、米国艦船を介して江戸で大流行した。正確な記録は残っていないが、10万～30万人の死者が出たといわれる。さらに１８６２（文久２）年には全国的に3度目の大流行が起こり、２度目の時よりも多くの死者を出した。

明治時代に入ってからも流行は続いたが、ここに至ってようやく日本人の間にも衛生観念が生まれ、「生水を飲まない」「換気をよくする」「体や衣服を清潔に保つ」などが推奨されるようになった。

「伝染病は公衆衛生の母である」という言葉があるが、まさにコレラが日本に衛生観念をもたらしたのである。

ペスト大流行の中欧で「うつぶせ埋葬」が流行った理由

ヨーロッパでペストが猛威をふるった14～17世紀頃、中欧の、いわゆるヨーロッパのドイツ語圏で、死者をうつぶせにして埋葬する「うつぶせ埋葬」が広まったことがある。

死者をあえてそのような形で埋葬した理由はわかっていないが、たとえば、死者がよみがえることを阻止するためだとする説がある。

ヨーロッパでは、吸血鬼伝説をはじめと

して、死者がよみがえって悪さをする、あるいは生きている者にとりつくという考え方は一般的だった。それを阻止するための姿勢だというわけである。

ほかにもさまざまな説があって確証はないが、感染症への恐怖が生んだ埋葬の形であったことはたしかだ。

手洗いを推奨して非難を浴びた19世紀の医師ゼンメルワイス

新型コロナウィルスの感染拡大防止のために、誰もが当たり前のように守っている習慣が手洗いだ。感染症対策でなくても、当たり前の習慣である。

しかし、かつて手洗いを推奨したために激しい非難を浴びた医師がいる。オーストリアのウィーン総合病院の産科病棟の医師ゼンメルワイスだ。

19世紀半ばの時代といえば、子供を産んだ母親が産褥(さんじょく)熱で死ぬことが珍しくなかった。彼はその原因が、死体解剖の実習授業を受けた学生が、そのままの手で出産の手伝いをするためだと気づいた。

そこで、解剖実習のあとに必ず手を洗わせると死亡率が激減したのである。

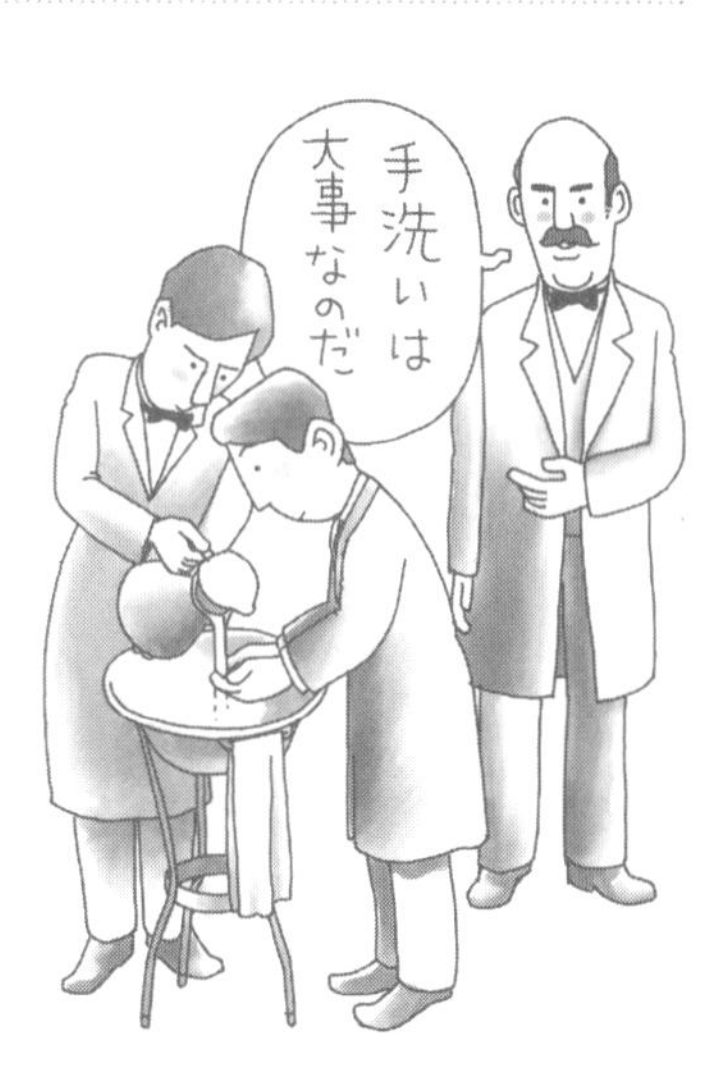

しかし、手洗いが重要だとする考え方は当時の医学界にはいっさい受入れられず、冷遇され、彼は失意のうちに死んでしまう。悲しいかな、手洗いの効果がようやく受け入れられるのは彼の死から2年後のことだった。

今では当たり前の手洗いだが、それが常識になるまでには長い道のりがあったのだ。

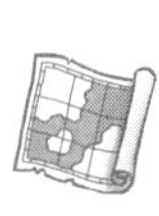

アステカ王国滅亡の原因はサルモネラ菌だった

感染症は、時にひとつの文明を滅ぼすこともある。近年、そのことを科学的に示す研究が発表されて話題になった。

現在のメキシコ南部には、かつてアステカ文明が栄えていた。ところが、16世紀に侵入してきたスペイン人に征服されて滅んでしまう。スペイン人が上陸した直後に恐ろしい疫病が流行し、アステカの人々は次々と命を落としたのだ。

ただ、それが何の病気かは長い間わかっていなかった。ところが、５００年前の遺体の歯からある細菌のＤＮＡが発見された。それは、サルモネラ菌のひとつであるパラチフスC菌である。

しかも、スペイン人の上陸前に死んだ遺体からは見つからず、上陸後の遺体からのみ発見されたのだ。そのことから、アステカ文明を滅ぼしたのは、ヨーロッパから持ち込まれたサルモネラ菌ではないかという説が信憑性を帯びてきたのだ。

まだ確証はないが、これが真実だとすれば、ひとつの疫病がひとつの文明を消し去ったことになるのである。

〈歯・口・舌〉の雑学

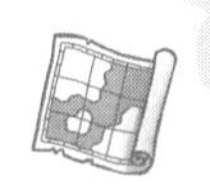

虫歯があっても宇宙飛行士になれる？

虫歯があってもきちんと治療をしていれば宇宙飛行士になれる。

ただし、宇宙に飛び立つ前には歯の検査があり、きちんと治療をしているかというだけでなく、これから虫歯になりそうな歯がないかも調べる。宇宙船の中に長期滞在する飛行士が虫歯になっても歯医者に行けないからだ。

また、詰め物がしてあるかもチェックする。もしも船内で詰め物がとれると、地球上にいるときよりも激痛が走るからだ。

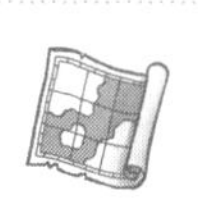

古代人も虫歯や歯周病になっていた？

人間はいつから虫歯や歯周病に悩まされてきたのだろうか。おそらく火を使って簡単な調理をするようになった時代には、虫歯になる人間が増えたと考えられている。

たとえば、30万年前のローデシア人の化石人骨には虫歯の痕が発見されている。

とくに農耕社会になると、虫歯は一気に増えたと考えられる。日本でも縄文時代には虫歯になる人は全体の1割ほどだったが、弥生時代には2割に増えている。食生活の変化が影響したと思われる。

また歯周病のほうは、ネアンデルタール人から発見されている。当時は治療法もなかったので、かなり進行した状態の痕跡も多く見つかっている。その発生率は現代人以上だったともいわれる。

人類はいつから歯磨きをしているのか？

古代人も虫歯や歯周病に悩まされていたとしたら、歯磨きはしていたのだろうか。

縄文時代や弥生時代には、すでに歯磨きをしていたと考えられている。といっても、もちろん歯ブラシはないので、代わりに爪楊枝のように細く切った木ぎれなどを使って歯をきれいにしていたようだ。

海外では、紀元前３０００年頃に栄えたメソポタミア文明の時代のシュメール人の遺跡から黄金で作られた爪楊枝が発見され

ている。古代エジプト社会でも、やはり爪楊枝に似たものが見つかっている。

また古代バビロニアでは、指先に布を巻きつけて歯をこすることで歯をきれいにしていたということもわかっている。しかも、歯茎のマッサージもしていたようである。

そして最初に歯ブラシが出現したのは、紀元前3000年頃のエジプトだったと考えられている。これは木の端を柔らかくしたもので、それで歯をこすっていたらしい。

これと似たものは、6世紀頃の日本にも伝わってきて、そのころから日本人も歯をきれいにしていたらしい。

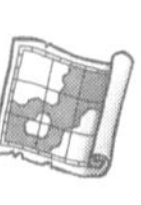

子供が「甘いもの」が好きな理由とは？

味覚は、子供から大人になるにつれて成長するものだ。大人になると苦いものやすっぱいものも「味」として感じることができるし、それを「おいしい」と思う。

しかし子供はまだ味覚が未発達なので、苦い味もすっぱい味も「体に悪いもの、腐ったもの、食べてはならないもの」としか感じられない。

一方、甘い味に関しては生まれてすぐに経験する。母乳やミルクに含まれている糖分やたんぱく質、ミネラルなどを味わうことにより、まず「甘い」という感覚を身につけるのである。

とくに糖分は、成長するうえでの重要なエネルギー源なので子供は甘いものをよけいに欲するのだ。

子供がお菓子好きなのも理にかなっていることなのだ。

〈喜怒哀楽〉の雑学

怒りで体が震えるのはなぜ？

自分の意志とは関係なく、体が勝手にブルブルと震えることがある。この震えを医学的には「振戦」という。

何らかの病気の症状として震えることもあるが、感情が高ぶったときに震える「生理的振戦」も多い。

たとえば、激しく怒った時や恐怖を感じた時、緊張したり、あるいは重いものを運んで下ろしたあとなどに震えることもある。これらの原因はまだ解明されていない。

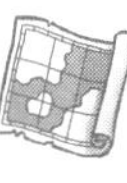

涙の味は、感情によって違う？

涙はしょっぱいものだと多くの人が思っているが、しかし実際には、どんな気持ちで涙を流すかによって涙の味は変わるのだ。

悲しい時やうれしい時には、感情が外に

向かって発散され、副交感神経が優位になる。すると、腎臓からナトリウムが多く排出されるので、体液のカリウムやナトリウムの量が少なくなる。そうなると涙の味は甘めになり、水のようにサラッとして量が多くなるのだ。

一方、怒っている時やくやしい時は、交感神経が優位になっている。そのために腎臓からのナトリウムの排出が抑制され、体液のナトリウムや塩素などの電解質の量が多くなる。だからしょっぱくなり、粘り気のある涙になるのだ。

人間以外にも「笑う」動物がいるってほんと？

笑う動物はいるのかと問われると、現在のところ笑うことがわかっているのは類人猿とラットだ。

オランウータンやゴリラ、チンパンジーをくすぐると反応して笑う。もちろん、人間のように口を開いて「ははは っ！」と笑うわけではないが、いつもとは異なる、楽しそうな表情をするのはたしかだ。

また、たとえば好意を持っている人間に対しては「ホーホー」という笑い声をあげるゴリラなども知られている。類人猿は彼らなりの方法で「笑う」という表現をしているようだ。

またラットをくすぐる実験では、ふだん遊んでいる時と同じ声をあげて反応することが判明した。

人間のような笑顔を見せるわけではないが、明らかに楽しい感情になっていると考えられている。

〈病院と薬局〉の雑学

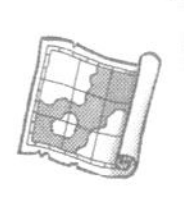

視力検査に1・1が無い理由

視力検査はアルファベットの「C」に似た形のランドルト環で行われる。「C」の空いているところと目の中心がつくる角度、つまり「視角」の大きさで決まるのだ。

視角は、1度の60分の1である「1分」で表される。この1分の視角が確認できれば、「視力は1・0」ということになるのだ。

視力検査を行う時は、視力表から5メートル離れる。1・0に当たるランドルト環の大きさは高さ7・5ミリで、切れ目の幅は1・5ミリである。

この1・5ミリが、5メートル離れた時に「視角1分」に相当する。だから、5メートルの距離からこの切れ目が確認できれば視力は1・0と判定されるのだ。

視力が低い人の場合は、0・1と0・2

の視力の差ははっきりとある。しかし視力がいい人の場合、1・1と1・2とはほとんど変わらない。視力が上がると視角に違いが出なくなるからだ。

だから、あえて1・1という数値は設定せずにおおまかになっているのである。

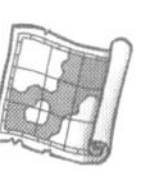

医師の手術着は青か緑、看護師はピンクの科学的根拠

医師といえば白衣というイメージがあるが、病院もののドラマでは手術着は青か緑である。なぜ白ではないのだろうか。

実際には手術着だけでなく、帽子やマスク、患者にかける布、壁や天井などもすべてモスグリーンが多い。これにはれっきとしたワケがある。

手術中には血液や筋肉、内臓など、赤い色を見ることが多い。すると人間の目は赤い色に鈍感になり、視界の中に青や緑のシミが見えてしまって不快な感じになる。だから周囲を緑や青にすることで、その不快感や違和感を避けているのだ。

また看護師も白衣ではなくピンク色が増えている。これにも理由があり、白衣だと患者に緊張感を与えるからだ。

その結果、血圧が高めになることがある。これは「白衣高血圧」という現象で、これを避けて患者をリラックスさせるためにピンクの〝白衣〟を着ているのだ。

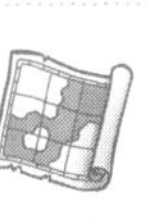

獣医師は吹き矢が得意？

獣医師には意外な特技がある。吹き矢がうまいのだ。それもかなりの腕前だという。

それは獣医師の仕事を考えるとわかる。

　たとえば犬や猫などであれば、診察台にのせてすぐに診察ができるから心配ない。しかし、猛獣の場合はそうはいかない。

　ライオンやトラを診察したり手術をする時に、いきなり近づいていくのは危険だ。そこで離れたところから吹き矢で麻酔薬を打ちこみ、麻酔が効いてから近づくのだ。

　また、サルなどの動きが素早い動物に使うこともあるという。麻酔薬だけでなく、各種の治療薬を打ちこむこともある。そのため、失敗しないように日ごろから練習しているのだ。

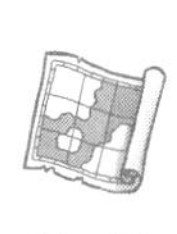

「殺菌」「抗菌」「除菌」の違いは？

　コロナ禍のなかにあって、多くの人が「殺菌」「抗菌」「除菌」に敏感になっている。ハンドソープやうがい薬などを買う時に、ついこれらの言葉の有無を確認して選ぶこともあるだろう。

　ところでこの３つの言葉だが、厳密にいえばどこがどう違うのだろうか。

　まず殺菌は、文字通り菌を殺す作用のことだ。薬事法にもとづいて「殺菌」という表示ができるのは、消毒剤などの「医薬品」や、薬用石鹸などの「医薬部外品」のみである。

　また抗菌は、菌を除去することであり、菌を殺すことはできない。あくまでも増殖を抑える作用があるという意味である。

　経済産業省の定義では、抗菌の対象はあくまでも細菌のみである。だから抗菌仕様と書かれてあっても、カビ、黒ずみ、ヌメりは対象外になる。

最後の除菌だが、これは菌を排除することだ。菌を殺すのではなく、あくまでも除去である。

手洗いは除菌をするためのものだし、食器を洗うことも除菌のための行為だ。除菌効果があるとされる洗剤は、使ったあとに菌を減らすことはできるものの殺しはしない。

菌に対する強さでいえば、増殖を防ぐ抗菌は最も弱く、菌を殺す殺菌が最も強いといえる。それをよく踏まえたうえで商品を選んでほしい。

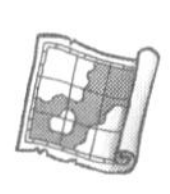

飲むとき、上を向くより下を向いたほうがいい薬とは？

薬を飲む時、ほとんどの人はちょっと顔を上を向けて飲み込むのではないだろうか。しかし、これは危険な飲み方である。

身体の構造上、あごを上に向けると気道が開くことになる。その状態で水とともに薬を飲むと、誤って気道に入るリスクが増える。

それを考えると、わざわざ上を向かずに正面を向くくらいで飲むのがちょうどいいのだ。

また、カプセルはむしろ下を向いて飲んだほうがいいこともある。というのも、カプセルは水に浮くからだ。

口の中に水を溜めてカプセルを入れ、それから上を向くようにすると、水の上にカプセルが浮いた状態になる。

だからそのまま飲み込むと、水だけを先に飲み込んでしまいカプセルが残ることがあるのだ。

医者が「効き目のない薬」を出す理由は？

医師は患者によっては「効き目のない薬」を出すことがある。病院でもらう薬の中にも、時としてそれが含まれていることがある。

しかし、だからといって医師が患者を騙

しているわけではない。それも立派な治療に対する「薬」なのだ。それは、おもに「薬を飲んでいるという安心感」を患者に与えることが目的だ。

本来は薬の効果を持たない物質で得られる効果を「プラシーボ効果」といい、その目的のための薬を「偽薬」という。プラシーボ効果には、とくに痛みや不眠、下痢などに効果があり、それが本当の薬だと信じて飲んだ人は、痛みが消えたり、不眠や下痢が治ることもあるのだ。

　患者が治療や痛みを和らげることを期待することで免疫力が上がるからだといわれるが、まだ研究の途上ではある。

　この効果を期待するには、基本的に医師と患者との間に信頼関係がなければならない。

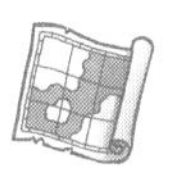

薬の保存方法の「室温」と「常温」はどう違う？

　薬を保存する時の「室温」と「常温」は法律で決められている。「第十六改正日本薬局方の通則第15項」によると、標準温度を20度とし、常温は15〜25度で、室温は1〜30度となっている。

　ただし、「日本工業規格（ＪＩＳ規格）」では、常温を5〜35度とかなり幅広くとっている。

　二通りの規定があることになるが、薬品のことなので日本薬局方に従うほうが無難だと考えたほうがいいだろう。

　基本的に医薬品は室温での保存が一般的で、とくに注釈が無ければ室温保存で間違いない。

　また、「直射日光の当たらない湿気の少ない涼しい場所」という書き方をしている薬品もあるが、温度については常温と考えて差し支えない。

　ちなみに、車の中は夏になると思いがけない高温になることがあるので、車内に医薬品を置きっぱなしにすることは絶対にしてはならない。

Chapter 4

いきものの
雑学

〈動物〉の雑学

ヤギに新聞や雑誌を与えても大丈夫？

ヤギには紙を食べるというイメージがある。しかし、現在の紙は化学薬品やインクが使われているためにヤギにとっては消化がむずかしく、食べさせてはいけない。

昔の紙の原料は植物由来の原料で作られていたために、目につくものを口に入れてしまう性質があるヤギが食べてしまっても問題はなかった。

動物園や牧場に行っても、ヤギに新聞や雑誌などを食べさせないように注意しなければならないのだ。

ネコ科のライオンはネコと同様「ゴロゴロ」というの？

ネコが喉をゴロゴロと鳴らすのは、リラックスしている状態だけでなく、緊張や体調不良を表しているなどの説もあり、何のための行動なのかははっきりしていない。

では、同じネコ科の動物であるライオンも喉をゴロゴロと鳴らすのだろうか。答えはノーである。

ネコ科でも喉を鳴らす動物と鳴らさない動物がいて、ライオンやトラ、ジャガー、ピューマ、ヒョウは鳴らさない。喉を鳴らすのは、チーター、オオヤマネコ、オセロット、マウンテンライオンなどだ。

大きな体で喉を鳴らすライオンというのは、絵本やアニメの中だけの存在なのである。

満腹でも餓死する動物は？

どんな動物も生きている限り、食べ物から栄養を摂っている。野生の環境ではなかなか食べ物が手に入らなくて、飢えて死ぬ個体も出てくるなど、自然界はなかなか過酷なものだ。

しかし、胃の中が食べ物で満たされているのに、餓死してしまうことがある動物がいる。それはナマケモノだ。

木の上で生活していて、ほとんど筋肉を動かさず、超低燃費な生活を送っているナマケモノだが、消化吸収のスピードも極端に遅い。

ナマケモノは胃の中の食べ物を微生物に分解してもらって吸収するのだが、一枚の葉を消化するのに1か月もかかる。

生命の維持に必要なエネルギーもごくわずかではあるのだが、気温が低いなどの理由で微生物の活動が鈍ると、消化吸収が間に合わずに餓死してしまうのだ。

超低燃費なエコ生活を送っているナマケモノだが、一歩間違えば死と隣り合わせのスリリングさも持ち合わせているのである。

ホッキョクグマも冬眠する？

北極圏の沿岸部に生息し、陸上で最大の肉食動物とされるホッキョクグマは、冬になると海に張った氷の上や海に潜ってアザラシやセイウチなどを捕食して暮らしている。

系統的に近いヒグマは冬になると巣穴の中で冬眠するのだが、ホッキョクグマも冬眠する。しかし、ホッキョクグマは動いているのに冬眠している状態なのだ。

ホッキョクグマが冬眠状態になるのは、海に氷が張らない7月から11月までの間だ。4か月もの間、何も口にしないホッキョクグマは、体の働きを抑え、体温を下げることで冬眠状態になる。

それでも歩くことはできるので、ホッキョクグマの冬眠は「歩く冬眠」と呼ばれているのである。

〈鳥〉の雑学

ダチョウの眼は地上の動物すべてのなかでもっとも大きい！

アフリカや南アメリカのサバンナに住むダチョウは、その体の大きさもさることながら眼球の大きさも出色である。

鳥だけでなく陸上の動物の中でもっとも大きいとされるダチョウの眼球は、直径5センチ、重さは60グラムもある。ダチョウの脳の重さは40グラムだから、片目だけでも脳より眼球の方が大きいことになる。

その大きな目は3・5キロ先のものまで見ることができるといわれており、果てしなく続くサバンナで生き延びるために発達した体の機能なのかもしれない。ちなみに、脳のサイズに比例して記憶力はよくない。

カモメは寝るときに片目だけ開いている？

動物園などで見る動物の寝姿をじっくり

観察すると、片目を開いたままで眠っている動物がいることに気づく。これは半球睡眠と呼ばれるもので、自然界で生き延びるために備わった身体機能のひとつだ。

半球睡眠は鳥類に多く、片目を閉じて左右の脳を交互に休ませながら行動することで、周囲への警戒を怠ることなく活動できる。

カモメやアホウドリは半球睡眠の状態で飛び続けることもできるという。

人間にとっての睡眠とはずいぶん意味合いが違ってなかなか興味深い生態だ。

ニワトリのとさかは何のためにある？

人間にとってもっとも身近な鳥といえるのがニワトリだ。その卵や肉を得るために人間は昔からニワトリを飼育してきた。

そのニワトリには、オスにもメスにも頭の上にはとさかがついている。とさかは単なる飾りではなく、しっかりとした役割を持っているのだ。

まず体温調節だ。とさかには毛細血管が集まっており、そこから熱を放出させて体温を調節している。汗腺のないニワトリにとっては重要な役割だ。

また、メスに比べてオスのとさかが大きいのは繁殖のためのアピールだ。とさかの大きさをオス同士が競い合い、威嚇するのも繁殖のための行動だ。

ほかの鳥や動物と同じように、とさかを見せつけることで自分の体の強さをアピールし、遺伝子を残すための手段にしているのである。

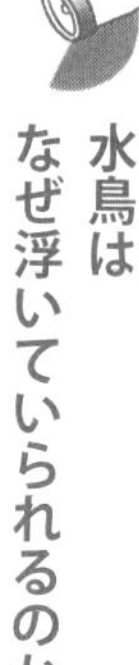

水鳥は なぜ浮いていられるのか

川や沼、湖、海と水があるところに生息しているのが水鳥。カモやアヒル、ハクチョウなど種類はたくさんいるが、水の上で暮らすためのしくみはどの鳥も同じだ。

鳥の体には油脂線と呼ばれる脂を出す器官が備わっている。水鳥はそこから出る脂をくちばしを使って体中に塗りつける。すると、羽が水をはじくようにコーティングできるのだ。

羽毛の間には空気をたくさん溜め込み、浮袋のようにして水に浮かぶ。もともと飛ぶために体が軽いこともあり、こうして水鳥は沈むことなく水上をスイスイと泳ぐことができるのである。

高圧線に止まる鳥が感電しないワケ

ビニールで覆われていない高圧線であっても、止まっている鳥が感電する気配はない。鳥は同じ電線に両脚をつけて止まっているため、もし電流が鳥の体内を通っても出ていく先がない。

しかも、鳥の体と高圧線を比べたら高圧線のほうが電気が通りやすい。少しでも抵抗が少ないところを通ろうとする電気は、鳥の脚を素通りしてしまうのである。

しかし、片脚が電線で、片脚は電柱などということになると話は別で、出口を見つけた電気は片脚を伝って鳥の体の中に一気に流れ混み、反対の脚から電柱に向かって流れ出す。すると、当然のことながら鳥は感電してしまうのである。

カラスは目先の欲望を我慢することができる

カラスは動物の中でもかなり賢いということは知られている。道具を使ってエサを手に入れたり、人の顔を覚えたりと、人間の近くで暮らすために必要な能力を持っている動物だといえるだろう。

驚くのは、カラスにはあとでもらえるご褒美のために目先のものを我慢するという自制心が備わっていることだ。

イギリスの研究者によれば、カラスの自制心は人間の子どもと同じくらいで、訓練されたカラスはご褒美のエサが待っていることがわかると、目の前のエサを我慢することができるのだ。

〈魚〉の雑学

洪水が起きた川にはアユが増えるのか？

洪水があるとアユが増えるという説がある。

しかし、これは言い過ぎで、アユは秋に増水した川の下流で産卵するため、しっかり雨が降って川の水量が増えないと産卵できないということなのだ。

アユは、夏の間は川の中流から上流で過ごす。秋になって台風や長雨などの影響で川が増水するとその流れに乗って下流に下り、産卵するのだ。

渇水などの影響で川の水量が減ると、アユが繁殖しづらくなってしまうのだが、かといって洪水が起きればアユを含めた生態系にも影響がある。

年間を通じて適量で水量が増減する自然な状況こそが、アユにとって絶好の繁殖条件なのである。

「ファインディングニモ」で有名なクマノミは性転換する？

人間をはじめとする多くの動物は、生まれたときから性別が決まっている。しかし、なかには環境に応じて性別を変える性質がある生き物がいるのだ。

ディズニー映画『ファインディングニモ』でおなじみの熱帯魚であるクマノミもそのひとつだ。クマノミは状況に応じてオスがメスになるのである。

ひとつのイソギンチャクの中で何匹かの個体が一緒に生活するクマノミは、成熟した個体の中にメスがいない場合はオスがメスに変わる。

その代わりといってはなんだが、成熟していない個体の中で一番大きなものが成熟したときにオスになる。そうやって繁殖を続け、子孫を残していくのである。

深海魚がちょっと無気味な顔をしているワケ

深い海の底で暮らす深海魚の生態については、いまだにわかってないことも多い。深海魚が謎めいてみえるのは、その生態がはっきりしないことに加えてルックスの不気味さにも理由があるだろう。

多くの深海魚は目玉がギョロッとしていて大きい。それは、光が届かない深海で明かりを取り込むために発達した結果だ。

また、大きな口やびっしりと生えた歯も特徴だが、それはエサの少ない深海で効率よく捕食するための姿なのだ。

深海魚は、じつに合理的な姿を持ってい

るといえるのである。

マンボウは繊細で「ストレスで死ぬ」はウソだった

水中の泡が目に入って死ぬ、太陽の光がまぶしくて死ぬ、ジャンプして水面に落ちた衝撃で死ぬ——。

いつのころからか、マンボウは「ストレスで死ぬ」ほど繊細な魚だとされてきた。

ところが、これはまったくのつくり話だ。

たしかに消化機能が弱く、皮膚もけっして強くないとはいえるが、ほかの魚に比べてストレスに弱いということはないのだという。

いったいなぜ、マンボウがストレスで死ぬという説が流布したのかは不明だが、それほどストレスに弱い魚なら水族館に運搬して飼育することができるはずもない。

〈ネコ〉の雑学

生まれたばかりのネコの瞳の色はみな同じ

どんな動物も赤ちゃんのころは愛らしさに拍車がかかっているものだが、生まれたばかりの子ネコも例外ではないだろう。その子ネコの眼の色は、親ネコがどんなネコかにかかわらずみんな同じだ。

瞳の色はメラニンの量によって決まるが、子ネコはメラニン量が少ないためにグレイッシュな青い目をしている。これをキトンブルー、つまり「子ネコの青」と呼んでいる。目の色が変わってくるのは、生後7週目くらいからで、徐々に変化していき、3から4か月くらい経つとそのネコ本来の瞳の色に定まってくるのである。

ネコの脳の90パーセントは人間と同じ構造をしている

古来から人間と生活を共にしてきたネコ

は、じつは人間と非常に似ているといえる。実際、脳を調べてみると、構造が90パーセントに渡って人間とネコでは似通っているのだという。

ただし、これは人間とネコの知能レベルが似ているということではなく、あくまでも脳のつくりが似ているに過ぎない。

ネコは感情や記憶をコントロールする大脳皮質がイヌに比べて倍も発達をしている。ネコが気まぐれでどこか人間くさい行動をするのは、大脳皮質の発達によるものかもしれない。

また、ネコの知能は人間でいうと1歳から2歳程度だといわれている。きちんと教えればある程度のしつけはできるし、名前や呼びかけを理解することもできるようになる。

ネコが魚好きというのは日本人だけの常識だった

魚をくわえて走るネコというのは、日本人がネコに抱く代表的なイメージのひとつだ。しかし、ネコの好物が魚というのは日本独特のものだ。

ネコは肉食の動物で、ネズミなどの小動物を捕食して食べている。世界各国で古くからネズミ退治のために飼われてきた歴史を考えれば、「ネコの好物はネズミ」というのが世界標準なのだ。

ではなぜ、日本では「ネコには魚」なのかといえば、日本人のたんぱく源が長い間、魚中心だったからということに尽きるだろう。

家ネコとして飼われていたネコも、野良

ネコも、人間の食事のおこぼれをもらって生きるのは同じで、人間が魚を食べていた日本では、ネコも当たり前のように魚を食べていたのである。

ネコが箱に入るのはハンターの本能？

箱とネコを使った「シュレディンガーのネコ」という有名な量子力学の思考実験があるが、なぜかネコと箱は相性がいい。

インスタグラムには、ネコ好きたちが投稿した「箱入りのネコ」写真が数えきれないほど存在する。ネコが箱に入りたがる理由を科学的に説明したものはないのだが、いくつかの仮説は存在している。

まず、天性のハンターであるネコは身を隠す場所があればそこに入りたくなる習性がある。当然、箱の中に小動物が隠れていないかをチェックする。

また、縄張り意識を刺激されるという説もある。自分の体がすっぽり入るくらいのジャストサイズがベストで、暗くて狭い場所を好むネコにとっては格好の〝家〟になるのだ。

さらに、見慣れないものはチェックしたい、単に温かい場所が好きなど、諸説芬々だ。

いずれにしても、箱とネコの組み合わせはこれ以上ないほどベストであることは間違いない。

ネコがはっきり感じるのは酸味と苦味の2つだけ

飼いネコに人間の食べるものを与えてい

るという人も多いが、いくら人間がおいしいと感じるものでも、ネコにとってはまったく味の感じられないものもある。

　人間は、酸味、苦味、甘味、塩味、うま味の5種類を感じることができるのだが、ネコがはっきり感じることができるのは酸味と苦味の2種類だけだ。

　腐ったものや有害なものを口にしないために重要なこのふたつの味覚は、肉食のネコが身を守るために重要な味覚なのである。肉に含まれるアミノ酸によって、うま味を感じることもできているようだという。

　ネコと人間は体の大きさも違うため、同じように調理したものはけっしてネコの体に合っているとはいえない。人間の食事はとくに塩分が多すぎるために、ネコの体にとっては負担が大きすぎるのだ。

ネコはなぜ高いところから飛び降りても骨折しないのか

　ネコは高いところが大好きで、家の中でも棚を伝って天井に近いところで寝ていたり、木の上に登ってみたりという行動が目立つ。そこから降りる時はサッと降りてしまうのだ。

もちろんその高さに限界はあるものの、無事に着地できるのはどうしてかというと、ケガをしないで着地するために落下速度をコントロールしているからだという。

落ちながら体を広げるようにして空気抵抗を強くすると、スピードを落として着地することができる。さらに、柳のようにしなやかな体と強靭なゴムのような筋肉が、着地の衝撃を和らげてくれるのだ。

またネコは三半規管が優れていて、落下中に体勢が崩れても必ず頭を上にして着地できるので、頭を打つこともないのである。

日本で尾が短いネコが愛されたのはなぜか

ヨーロッパでもネコは古くから人間と共存していたが、ペットとしては一般的にイヌのほうが格式が高く、絵画などでも古い時代ほどネコを描いたものは少ない。

その点でいえば、日本のネコは生活でもアートの中でも市民権を得ており、たとえば名だたる浮世絵師たちも自作の中にネコを描いている。

日本人が愛したネコは、尾が長いものより短い種類が多い。

日本の住居事情を考えてみると床に近いところに机を置き、食事などをのせたり、部屋の中に置いた火鉢や囲炉裏などの生活用品もあった。

もしネコの尾が長いと、囲炉裏や火鉢にひっかけたり、食器を落としたりしかねない。日本人の生活スタイルには、どうやら尾の短いネコがぴったりだったのである。

〈イヌ〉の雑学

イヌはいつから人間のペットになった？

イヌはもっとも古くから人間と共に暮らしている動物だ。

野生動物だったイヌを家畜化したのは、1万5000年前頃だといわれており、イスラエルで発掘された1万2000年前の遺跡からは、墓に埋葬された遺体の手に子犬を持たされたものが出土しており、人間とイヌの間に密接な絆があったことがうかがわれる。

日本でも古くから使役動物としてイヌを飼う習慣があったが、奈良時代や平安時代になると、ペットとしてイヌを飼うことも多くなっていく。

イヌはいつも足を上げておしっこするわけではない

イヌは片脚を上げておしっこをするイメ

ージがあるが、必ずしもそうではない。

なかには両足をスクワットをするように開いてしゃがむイヌも多く、これはメスに多い姿勢といわれているのだが、実際はしゃがんで用を足すオスもいるようだ。

これには遺伝子のせいとか、足におしっこがかかるのを防ぐためだとかいわれているが、真相はやぶの中だ。

イヌなのに「猫舌」とは

熱いものが食べられない人のことを「猫舌」と呼ぶが、イヌだって猫舌なのだ。猫舌ではなくて犬舌でもよさそうだが、どうやら単純にゴロの良さで決められたようである。


ネコは外で飼われているイヌよりもより人間の暮らしの中に入り込んでいて、人間の食事を与えられることも多かった。

その時に熱いものを冷まさずにあげても食べられないため、冷まして食べることがそのまま熱いものが苦手だという認識が生まれて、「猫舌」となったという。

色が識別できないとされる犬も いくつかの色はわかる

イヌには色がわからないという説が信じられていた時代もあったが、現在ではイヌも一定の色は見分けることができると判明している。

人間は3色型の色覚で、100万種以上の色を見分けることができるのに対して、イヌは2色型の視覚を持っており、人間でいう赤と緑を見分けにくい程度に色を認識することができるのだという。

イヌの視覚では、赤はグレーっぽく見え、緑は黄色っぽく見える。人間が見ている色とは違うが、イヌの世界は彼らが認識できる色であふれているのである。

鼻が利くイヌが 臭いで悶絶しないわけ

人間の1000万倍ともそれ以上ともいわれる優れた嗅覚を持つイヌは、その特性を生かして警察犬や麻薬犬として活躍している。

しかし、それほど嗅覚が優れているのなら、道ばたに腐敗したごみや排せつ物のにおいをかいだら、あまりの臭さに倒れてしまうのではないかという疑問が湧く。

ところが、警察犬はどんなものでも証拠となるもののにおいを嗅いで覚え、追跡することができる。

これは、人間とイヌではにおいのとらえ方が異なるためで、イヌにとっては排せつ物も腐敗物も日常の中にある自然なにおいであり、別に悪臭ではないのだ。

逆に人間がいいにおいと感じる芳香剤や香水の香り、消毒薬のにおいなどは我慢ができないほど不快な香りのようである。

日本固有のイヌは6種類ですべて天然記念物に指定されている

天然記念物といえば特別な場所に生息する貴重な生き物というイメージもあるが、人間にとってもっとも身近なイヌも天然記念物に指定されている。それは、日本古来の犬種である6種類の日本犬だ。

柴犬、紀州犬、四国犬、北海道犬、甲斐犬、秋田犬がその内訳で、もう一つ登録されていた越の犬は残念ながら絶滅してしまった。

神社の狛犬はイヌではなかった

神社の入り口に鎮座しているイヌといえば、狛犬だ。イヌと名がついていても狛犬はイヌではなく、空想上の生き物である。

狛犬のルーツは古代オリエントまでさかのぼる。いわゆるスフィンクスもそのルーツのひとつで、獅子の力を王に宿らせるという獅子信仰の一種だった。

その後、中国に入った獅子信仰は、羽が生え、角があるような姿に変わっていく。それが日本に入ってきた時に一対の像となって神社に収まった。

向かって右側にいるのが獅子で、左側が狛犬だ。つまり、狛犬は2頭のうちの1頭だけなのだ。

〈動物園〉の雑学

世界遺産の中にある世界最古の動物園とは

1752（宝暦2）年にウィーンで開業したのが、世界最古の動物園である「シェーンブルン動物園」だ。現在でも現役のこの動物園は、古い建物を残しながらも新しい設備も導入され、人気の動物を近くで見ることができる。

しかし、シェーンブルン動物園の一番の魅力はその立地にある。世界遺産の「シェーンブルン宮殿と庭園群」の庭園に建てられているのだ。もともとは貴族のためにつくられた動物園だったのだが、今では世界遺産の中での目玉施設のひとつとして人気を博しているのである。

日本の動物園のキリンの交配は多摩動物公園が管理している

日本の動物園の役割というのは、動物を

展示して来園者にただ見せるだけではない。世界中から集められた動物の研究や繁殖も重要な仕事のひとつだ。

たとえば長い首でおなじみのキリンの場合、東京にある多摩動物公園がその管理と繁殖を一括して担っている。

国内のすべてのキリンのデータは多摩動物園で管理されていて、繁殖期に適齢期のキリンがいたら最適な相手をデータの中から見つけ出すのだ。

競走馬の繁殖と違って、動物園の動物を繁殖を目的として貸し借りする場合にはお金のやり取りは発生しない。

日本にいる動物園の動物に関しては、約100か所にのぼる動物園すべてが、一丸となって保護・育成し、繁殖をめざしているのである。

〈植物〉の雑学

街路樹にイチョウが多い理由は？

　秋が深まってくると歩道に落ちてくるのは銀杏(イチョウ)の実だ。日本の街路樹としてもっとも多いのはイチョウの木だろう。

　しかし、街路樹がイチョウになったのは昭和のことで、1907（明治40）年頃の都市計画では外来種のスズカケやユリノキなどが植えられていた。それが一気にイチョウに変わったきっかけが、関東大震災だった。

　木の中に水分を多く含み、火に強い性質を持つイチョウは、大震災の際の火災にあっても燃え残るものが多かった。

　のちに近代公園の先駆者と評され、かねてから防災の観点からイチョウを街路樹にするように進言していたのが東京都の職員・長岡安平だ。

　彼は、それをいつか実現する時のために

イチョウの苗木を育てており、震災後にスムーズにイチョウを街路樹として植えられたのは彼の功績なのだという。

年輪は南の方にゆがむというのはウソ

森の中で迷ったら木の切り株を探して年輪を見ればいい。年輪がゆがんでいる方角が南だ――。もっともらしく聞こえるウンチクだが、これは真実ではない。木の年輪は力がかかる方角にゆがむのである。

山の斜面に生えた木は垂直に伸びていくために倒れないように片側に力をかけている。

広葉樹では山側、針葉樹では谷側の年輪が広くなる。倒れまいとして踏ん張るというのは、植物の場合、根を張るということだ。

広葉樹の場合は山側に根を張り、自らを引き上げるイメージで力をかける。逆に針葉樹は谷側に根を張り、倒れないようにして足を踏ん張るイメージだ。

冒頭の説は、山の南側の斜面は日当たりがいいので樹木がよく育って、その中の針葉樹の切り株を見た人が誤解したのかもしれない。

パラグライダーのように種を飛ばす植物がある

日本のように気候の変動が激しく、風が強く吹く日も多い土地では心配ないが、それほど風が吹かない土地に生えている植物は、自らの種を広範囲に運ぶ工夫をしている。

その中のひとつが、東南アジアに生えているアルソミトラ・マクロカルパというウリ科の植物だ。この植物は種の形が独特で、茶色をしている種の周りが薄くて白い膜で覆われ、まるでパラグライダーのような形をしているのである。

高い木に巻きついて育ったマクロカルパは、木の上から種を飛ばす。パラグライダーのような羽がわずかな風と気流に乗って、1キロ先まで飛んでいくこともあるのだという。

植物の造形というのは、じつに効率的で機能的にできていることがよくわかる。

カフェインは植物が虫に食べられないための防護策！

植物がつくり出す物質のひとつにカフェインがある。コーヒーや紅茶に多く含まれていて、人間にとっては覚醒作用や興奮作用があるとされている。

そもそも植物がカフェインをつくり出すのは、昆虫などから身を守るためだ。カフェインはアルカロイド系の毒性物質のひとつであり、体の小さな昆虫にとっては少量でも猛毒になる。

当然のことながら、昆虫や小動物たちはカフェインの毒性を知っているのでその植物を食べない。人間にとってカフェインが含まれる茶やコーヒーは、戦争が起きるほど魅力的な食材だが、昆虫たちにとっては一歩間違えば命を落とす危険な相手なのである。

Chapter 5

おべんきょうの雑学

〈地球〉の雑学

北極と南極、どっちの氷が厚い？

写真で見る真冬の南極と北極はどちらも分厚い氷に閉ざされていて、まるで〝アナ雪〟の世界のようだ。だが、北極と南極の氷の量や厚さ、凍っている水の種類はまったく違っている。

南極はオーストラリア大陸よりも大きな世界6大陸のひとつだから地面がある。その上に降り積もった雪が固まって分厚い氷になっているのだ。

一方で、北極には大陸がない。陸地のように見えるのは「海氷」と呼ばれる氷の塊で、そのもととなっているのは海の水だ。

で、結局どっちの氷が厚いのかというと、長年の溶け残った雪が氷となって蓄積している南極の氷のほうがだんぜん分厚い。北極の氷の厚さは平均数メートルだが、南極の氷は平均2450メートルにもなるのだ。

地球の地磁気の逆転が起こるワケ

地球は全体が大きな磁石になっていて、北側がN極、南側がS極と小学校の理科の授業で学んだ。方位磁針で確認してみると、たしかにN極の赤い針は北側を指していたのではないだろうか。

ただ、これが未来永劫続くかというとそうではない。今はたしかに北がN極で南がS極だが、長い地球の歴史の中では何度も地磁気が逆転していて、過去には20万年に一度の割合で北と南の地磁気が入れ替わっていたこともあるのだという。

実際、NとSが逆転するほどの変化はなくても、磁極の位置は今でも少しずつズレており、そのスピードは上がっている。1900（明治33）年ごろにはカナダを通過する北緯70度線近くにあった北の磁極は北西に動いていて、2020（令和2）年には北極点近くにまで移動しているのだ。

なぜ磁極の動きが加速しているか、そしてなぜ地磁気が移動するのかについてはまだ謎が多い。ただ、地磁気が頻繁に逆転した今から5億年ほど前には、生命の大量絶滅が起こったことはたしかなようだ。

地球の自転と公転の速さはどれくらい？

「それでも地球は回っている」とつぶやいたのは、イタリアの天文学者ガリレオ・ガリレイだと伝えられているが、ではいったい地球はどれくらいの速度で回っているのだろうか。

地球が太陽のまわりを1年間かけてひと回りすることを「公転」というが、その速度は何と秒速30キロメートル。東京から1秒で横浜に移動するくらいのスピードで動いているのだ。

さらに、地球は「自転」もしている。1周約4万キロメートルの地球がコマのように24時間かけて1回転しているので、こちらの速度は地球の円周の24分の1である時速約１７００キロメートルになる。

地球の上に立っていてもまったく実感できないが、地球はこんなにも超高速で回っているのだ。

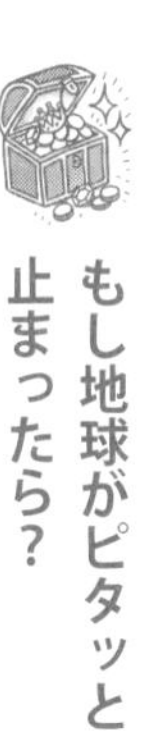

もし地球がピタッと止まったら？

地球が時速１７００キロメートルという猛スピードで自転していることは前述したとおりだが、ではそんな地球がもしピタッと止まってしまったら私たちはいったいどうなってしまうのだろうか。

まず車に乗っている時に、急ブレーキがかかった時のことをイメージしてほしい。

急ブレーキがかかったら、進行方向のほうに体が引っ張られる。この時に体にかかる重力のことを「G」というのだが、たとえば時速60キロメートルで動いていたバスが1秒でピタッと止まると約１・７Gの重力を受ける。

何もしていなくても地球上ではすべてのものに１Gの重力がかかっているので、その１・７倍というと相当な力だ。

そして、仮に時速１７００キロの地球が1秒で止まったらすべてのものに47・２G

もの重力がかかるのだ。

そうなれば、地上のあらゆるものに47倍以上の重力がかかり、すべてのものが吹き飛ばされて、破壊され、世界中が大津波に飲み込まれてしまうのだ。

月は少しずつ地球から遠ざかっている

月と地球の距離は約38万キロメートルも離れているが、つかず離れずで、お互いがいつもそばある存在という印象だ。

だが最近、月が少しずつ徐々に遠ざかっているのだという。原因は地球と月の潮汐（ちょうせき）摩擦の影響だ。

潮汐とは月や太陽の引力によって海水面が上昇することで、それによって海水が移動する時に海底との間で摩擦が生じる。この摩擦がブレーキとなり、地球の自転速度が少しずつ遅くなっていて、そのぶんだけ月が地球から離れていっているのだ。

とはいえ、その距離は1年に3センチメートルほどだというから、宇宙規模ではほんのわずかでしかない。もし、月が遠ざかることによって地球の1日の長さが変わるなど何かしらの地球に変化が現れるとしたら、それは今から１００万年後などとずいぶんと遠い未来の話なのである。

海の水の塩分濃度はたったの３％

料理のレシピを見ていると、アサリは海水と同じ塩分濃度の塩水に漬けておくときれいに砂抜きできると書いてある。

さて、海水の塩分濃度とはいったい何パ

ーセントくらいなのだろうか。

その塩分濃度はじつは3パーセントほどしかない。100グラムの水に小さじ半分ほどの塩が入っているということだ。

ちなみに、しょうゆの塩分濃度は約16パーセントもある。なんと、海水の5倍以上もしょうゆのほうがしょっぱいのだ。

また、海水の塩分濃度は地球のどこでも同じというわけではなく、濃度にはバラつきがある。ちなみに、海面に浮かびながら読書ができるほど浮力が大きい中東の死海はじつに30パーセントという高濃度となっている。

地軸の角度は少しずつ変化している

地球はコマのように1日にクルッと1回自転しているが、その軸となっているのが北極から南へと貫く地軸である。

この地軸は、地球儀を見てもわかるように公転軌道に対して真っすぐ90度に立っているわけではなく少し傾いている。この傾きがあるから、南半球と北半球で太陽との距離に差が出て季節が真逆になったり、四季が訪れたりする。地球上で四季折々の自然を楽しむことができるのは、この絶妙な傾きのなせるワザなのだ。

教科書によると地軸の角度は23・4度だが、これは固定されているわけではなく、21～24・5度のあいだで周期的に少しずつ変化している。

地球に氷河期が訪れたり、温暖化したりするのは、この地軸の傾きの変化とも関係している。

〈宇宙〉の雑学

太陽は燃えているのではなく爆発している

「真っ赤に燃えた太陽」という表現があるが、実際に太陽の表面はプロミネンスという赤い炎のようなものがメラメラと立ち上っている。

だが、これは厳密には太陽は燃えているのではなく「爆発している」というのが正しい。

なぜなら、太陽には物質を燃やすための酸素がないからだ。太陽では、その中心である核で大量の水素がぶつかり合って爆発し、ヘリウムに変わるという核融合反応が起きている。

これが燃えているように見える炎の正体だ。

この核融合をする時に起こるエネルギー量はじつに巨大で、1グラムの水素が核融合すると1000トンの水を沸騰させるこ

とができるという。

太陽が生まれてから46億年、ずっと水素爆発と核融合は起きているが、あと50億年はこれを繰り返しても太陽が壊れることはないのだという。

月面でゴルフをした宇宙飛行士がいた

初めて月に降り立った人物といえば、1969（昭和44）年に月面着陸に成功したアポロ11号の船長ニール・アームストロングだ。

アメリカの有人宇宙飛行計画で実施されたアポロ計画では、1961（昭和36）～72（昭和47）年にかけて合計5回の月面着陸に成功している。

そのなかで、アームストロングとは違った意味で有名な宇宙飛行士がいる。史上3度目の月面着陸に成功したアポロ14号の船長だったアラン・シェパードだ。

彼は、なんとアポロ14号にゴルフクラブとボールを持ち込み、月面に着陸するとそれらを持ち出して月面でボールを打ち放ったのだ。

本人いわく、地球より重力が弱い月ではゴルフボールはかなり遠くまで飛んだらしい。

飛んだボールは回収せずにそのまま月に置いてきたということだ。

宇宙飛行士が船外活動で着る白い宇宙服は一着12億円ナリ

宇宙飛行士が船外活動で着用している宇宙服は白に近い銀色をしている。

これには、光を反射することによって宇宙服の中の温度を変化させない効果があるという。

何しろ、宇宙空間は想像を絶するほど過酷で、なんと気温はマイナス270度にもなる。

このようななかで、宇宙飛行士は数時間にわたって国際宇宙ステーションから出て活動を行っている。そのため、超高性能な宇宙空間船外活動用の宇宙服を着用し、背中には生命維持装置を背負って宇宙に出るのだ。

巨額の開発費がかかっているため、スペースシャトル用にアメリカで開発された宇宙服と生命維持装置は一式で12億円になるという。

〈天気〉の雑学

雨が振り出す前のあの独特の匂いの正体は？

見上げた空がどんよりと曇って、もうすぐ雨が降りそうだと思った瞬間、いつも同じ匂いを感じることはないだろうか。

まだ雨が降っているわけでもないのに都会なら濡れたアスファルトの匂いがしたり、田舎なら湿った土の匂いがする。

しかし、なぜまだ降ってもないのにそんな匂いを感じられるのだろうか。じつはこの現象については、アメリカのマサチューセッツ工科大学の研究者が解明している。

その研究によると、匂いの正体はやはり濡れた地面の匂いであり、近くで降っているからこそ雨が降り出す前に匂いを感じるのだという。

そのしくみはこうだ。

雨粒が地面に落ちると、地面の隙間に沁み込む。この時、地面の隙間の中にあった空気が雨粒の中に入り込み、その匂いを閉じ込めたごく小さな粒が空気中にはじき出されて風に乗ってほかの場所に移動するのだ。

この〝香りのカプセル〟が雨の匂いを運んできているのである。

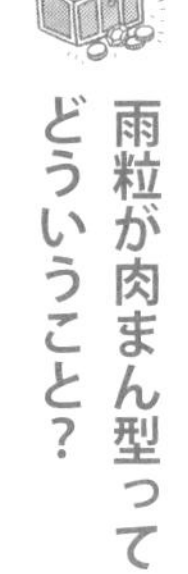

雨粒が肉まん型ってどういうこと？

雨粒というとどんな形をイメージするだろうか。イラストで描かれる雨粒はいわゆるティアドロップ型なので、きっとそんな形なのだろうと思っている人も多いのではないだろうか。

しかし、実際にスローシャッターで水滴をとらえた写真を見てみると、水滴はまん丸だ。スポイトの先などから滴り落ちる瞬間こそティアドロップ型だが、スポイドを離れると丸くなるのだ。

ところが、雨粒はちょっと違っている。意外にも〝肉まん〟のような横に広がったような形をしているのだ。

高い空から落ちてくる時に、水滴には下からの空気抵抗がかかる。すると、底面が押しつぶされて半円型のようになる。その形が、ちょうど肉まんのようなのである。

降水確率0パーセントでも「絶対に降らない」というワケではない？

「明日の降水確率は0パーセント」と聞くと、カラカラに乾燥した晴天をイメージしてしまう。

それなのに突然雨がパラパラと降ってきたりしたら、「天気予報が外れた！」と文句のひとつも言いたくなるだろう。

だが、気象庁や予報士を責めるのはお門違いだ。なぜなら、降水確率０パーセントとは「絶対に雨が降らない」という意味ではないからだ。

そもそも降水確率とは１ミリメートル以上の雨や雪の「降りやすさ」を示したものである。しかも、四捨五入して10パーセント刻みで発表されるため、０パーセントの表示には１～４パーセントの〝降る確率〟が含まれているのだ。

というわけで、０パーセントだから絶対に降らないとは言いきれないのである。

「猫が顔を洗うと雨が降る」そのナットクの理由

ネコが前足で自分の顔をこするしぐさのことを「猫が顔を洗う」というが、このようにネコが毛づくろいを頻繁にしていると、日本では昔から雨が降るといわれている。

これはただの言い伝えというわけではなく、ちゃんとした科学的な根拠がある。

雨が降る前には空気中の湿度が上がるが、そうなるとネコの体に寄生しているノミが動き出し、体がかゆくなる。だから、ネコは念入りにグルーミングを行うのだ。

また、ネコのひげにはたくさんの神経が集中していて、センサーのように空気の流れや音の振動を感知している。

だが、湿気が増えてくるとヒゲが重くなってハリがなり、センサーとしての機能が低下してしまう。

だから、前足でこすって湿気を取り除いているのである。

「天気雨」はどこから降るのか

空のどこにも雨雲が見当たらず、しかも太陽まで出ているのに雨が降ることがある。まるでキツネに化かされているようなこんな天気のことを、地域によっては「キツネの嫁入り」と呼び、気象用語では「天気雨」という。

なぜこのような現象が起きるのか。じつは地上からは見えていないだけで雨を降らせる雨雲はちゃんと空に存在しているのだ。

雨雲だからといって、いつも低く垂れこめるわけではなく、肉眼では見えない高いところにも存在する。そこから降ってくれば、地上からは雨雲がないのに雨が降るという状態になるのだ。

また、雨雲が雨を降らせた後、上空の強風で一気に吹き飛ばされてしまうこともある。まるでマジックのような天気雨だが、ちゃんとトリックがあるのだ。

フランスで降る雪は白だけじゃない

雪といえば純白をイメージする人が多いのではないだろうか。実際、日本の雪景色は眩しいくらいに白い。

だが、どんなことにも例外はあるもので、フランスでは赤い雪が降ることがあるのだ。

この赤い雪の正体は、サハラ砂漠の赤土だ。アフリカ大陸の3分の1を占めるサハラ砂漠は、場所によって砂の色が違う。エジプトのサハラの砂は黄色く、アルジェリアあたりになると赤い砂になる。

この赤い砂が激しい乾燥で砂塵となって舞い上がり、地中海上空を超えてヨーロッパに到達する。そして、ちょうどフランスの上空あたりで雪の結晶とくっついて赤い雪となって舞い降りてくるのだ。

なぜ東京で雪が降る日は日本海側で雪が降らないのか

日本の雪深い地域といえば、秋田県や山形県、新潟県、石川県といった日本海側の地域が中心だ。

これは強い北西の季節風がシベリアからの冷たい空気を運んでくるからで、この冷たい風は〝日本列島の背骨〟ともいわれる奥羽山脈や日本アルプスなどの高い山脈に当たって上昇気流となり、雲になって雪を降らせる。だから、日本海側の地域では連日雪が降るのに、太平洋側の地域では雪が降らないのだ。

ところが、年に一度ほど東京にもドカ雪が降ることがあるが、そういう日には日本海側には雪が降らない。

これは、東京に雪を降らせる雲がシベリア由来のものではなく、日本列島の南岸に発生する南岸低気圧によるものだからだ。

南岸低気圧は、シベリア高気圧の勢力が衰えたすきに日本列島南岸沿いに発生する。そして、ジェット気流に乗って発達しながら東京上空を通過して雪を降らせるのだ。

つまり、シベリア高気圧と南岸低気圧の力関係で、日本海側と太平洋側のどちらに雪が降るかが決まってくるというわけだ。

〈鉱物〉の雑学

ダイヤモンドよりも硬い鉱物は存在するのか？

長年、世界一硬い物質としてそのトップに君臨してきたダイヤモンドが、今やその座を明け渡していることをご存知だろうか。

現在、ダイヤモンドよりも硬い物質とされているのは2つある。ひとつはロンズデーライトで、隕石が地球に衝突する際に熱と圧力によってまれに形成されることがあるのだという。不純物が混じっていないロンズデーライトは、ダイヤモンドよりも58パーセントも硬いとされているのだ。

そしてもうひとつはウルツァイト窒化ホウ素で、こちらはロンズデーライトよりさらに硬いといわれている。

ウルツァイト窒化ホウ素は火山性の残留物から見つかる物質で、高温の中でも燃えにくいのが特徴だとか。そのため、大気圏に突入した際に１０００度以上の高温になるロケット部品などに使われている。

赤いルビーと青いサファイア、もともとは同じ石ってほんと？

いつの時代も人々を魅了してやまないきらめく宝石――。高額で取り引きされるとニュースになり、世界中で話題となる。

ところで、赤と青のカラーストーンの代表といえるのがルビーとサファイアだが、じつはこの2つは元の石が同じなのだ。

その元の石とはコランダムという鉱物で、酸化アルミニウムの結晶からできている。

コランダムはもともと無色透明で、結晶に不純物のイオンが入り込むことで色がつく。1パーセントにも満たないクロムが混ざると赤い石（ルビー）になり、鉄とチタンが混ざると青い石（サファイア）になる。

宇宙から降ってきた隕石の所有権はどうやって決める？

いきなり空から石が落ちてきて、それが屋根を突き破ったら…。まさかそんなことは起こらないだろうと思いたいところだが、日本でも時折このような事故が起きている。

2018（平成30）年9月26日には愛知県小牧市の民家に石が落下し、屋根の一部やカーポートの屋根が破損したのだ。石の正体は、宇宙から落ちてきた隕石だった。

ところで、隕石は意外と高値がつくことがある。かつてアメリカで玄関ドアのドアストッパーとして使われていた隕石に1000万円以上の値がついたこともあるのだ。

となると、落ちてきた隕石を手に入れてみたいと思うのが人情だが、いったい隕石の所有権は誰にあるのだろうか。

　日本では民法によって、所有権のない動産は所有の意思をもって占有すれば所有権を取得することできる。つまり、最初に拾って「これは自分のもの」だと表明すれば、所有権が得られるということなのだ。

砂漠の国で買えるパワーストーン「砂漠のバラ」って何？

　チュニジアやメキシコなど砂漠がある国に行くと、観光客向けのお土産として「砂漠のバラ」なるものが売られている。

　これは石膏や硫酸バリウムが少量の水によって溶け出し、そこに砂がくっついて結晶化したもので、まるで花びらを重ねたような形をしていることから「デザートローズ（砂漠のバラ）」と呼ばれている。

　水が存在しないと結晶しないので、今は砂漠でもかつてオアシスが存在した場所で見つかるとされている。だが、なぜ石がこのような複雑な形になったのかはよくわかっていない。

なんとトルコ石はトルコ原産ではない

　パワーストーンとしても知られる水色の石ターコイズは、別名トルコ石として知られている。その名前からして、原産国はトルコだろうと思っている人は多いだろう。

　しかし、トルコ石はトルコでは産出しない。主な産地はイランやアメリカのアリゾナ州なのだ。

　では、なぜトルコ石と呼ばれるようになったのか。それは、ヨーロッパ人の勘違いから始まった。

13世紀頃、トルコの商人は産地であるペルシャ（現在のイラン）に行って石を購入し、ヨーロッパで売買していた。それを知らなかったヨーロッパ人がトルコ石と呼んだことから名称として定着したのだ。

氷は鉱物の一種ってホント？

鉱物といってすぐに思い浮かべるのは、金や銅、鉄、ダイヤモンドなどではないだろうか。その数は、現在4500種以上にもなるという。

では、氷はどうだろう。氷は単に水が冷えて固まったものだから違うだろうと思うかもしれないが、じつは地質学的に見ると氷も鉱物の一種に当てはまる。

地質学で鉱物とされる物質は、次の4つの条件を満たさなくてはならない。
①結晶質の個体であること、②天然に生成された無機物質であること、③一定の化学組成を持つこと、④特有の物理的性質を持つことだ。
この条件に水は当てはまらない。なぜなら水は固体ではないからだ。しかし、凍って固形なると氷は鉱物の条件すべてに当てはまるのだ。

したがって、氷＝鉱物というのは間違いではないのである。

月にある鉱物、ない鉱物とは？

地球が誕生して間もなく巨大な惑星が衝突して、粉々になって宇宙に散ったものが再びまとまって月になった――。そんな仮説があるほど地球と月は成分構成がよく似ている。

となると、地球にある鉱物はすべて月にもあるのだろうか。

月も地球にあるような鉄やアルミニウム、チタン、マグネシウム、カルシウム、ナトリウムなどの鉱物があるが、地球に存在するものがすべてあるわけではない。ほとんどないのは鉄鉱石やボーキサイト、水晶の塊などだ。

鉄の原料となる鉄鉱石は火山活動によって地球内部の鉄分が噴出したものなのだが、月では地球のような火山活動やプレート運動がない。つまり、噴火が起こらないので鉄鉱石が産出されないのだ。

また、水晶も地球の奥深くでマグマによって沸騰した地下水の中に溶けていた物質が冷えて結晶化したものなので、月では見つからない。

最近の研究では、月は冷えて少しずつ縮んでいるという。これからも地中奥深くにある鉱物は出てきそうにない。

〈計算〉の雑学

お釣りの計算を一瞬でする方法

買い物をしたら合計金額が7852円だった。財布の中には1万円札しか入っていない。さあ、お釣りはいくらになるだろうか。

こういう時にペンなどの書くものがあれば、まず10000と書き、その下に1の位をそろえて7852と書いて、筆算で計算するのがお約束だ。

しかし、それだと次の位から1を借りて…などと考えるから少し時間がかかってしまう。もっと素早く暗算するなら上位の位から引き算したほうがいい。

その場合には、上位の位を「9」、1の位だけを「10」から引く。すると「9−7＝2」「9−8＝1」「9−5＝4」「10−2＝8」となるので、お釣りは2148円だと簡単に計算できるのだ。

和暦を西暦になおす簡単な方法

昭和から平成、令和と年号が変わったことで困ったことといえば、過去の和暦が西暦何年なのかを頭の中ですぐに変換できなくなったことではないだろうか。

昭和の時代なら昭和20年→1945年というように、「和暦に25を足すと西暦の下2ケタになる」というルールがあった。

〈昭和〉
和暦に 25 を足すと
西暦の下 2 ケタ

〈平成〉
和暦から 12 を引いて
2000 を足す

〈令和〉
和暦に 18 を足すと
西暦の下 2 ケタ

では、平成はどうだろうか。平成は和暦から12を引いて2000を足すといい。平成21年なら「21－12＝9」に2000を足して2009年となる。12を引く時には、夜の21時＝朝の9時と考えるとより早く計算できる。

となると、令和2年は西暦2020年なので18と2000を足すことになるが、やはりバリエーションが増えてくると、どうしてもややこしくなってしまうものである。

「10」を利用して掛け算を早くする方法

計算はいつもスマホの電卓アプリを使うから、わざわざ暗算はしないという人は多い。だが、簡単に暗算で2ケタ以上の掛け算ができれば便利であることはいうまでもない。

暗算で掛け算や割り算する時にコツとなるのが、「10」や「100」といったキリのいい数になる数字の組み合わせを見つけ出すことだ。

たとえば「15×16」だったら、「3×5×8×2」と分解して、まずキリがよくなる「5×8＝40」を計算する。そして、40に残りの6（2×3）を掛ければ240と答えが出る。

同じように「36×35」であれば、「6×6×5×7」として、「30×42」で「1260」と計算すればいい。

パーセントを計算するなら数字をひっくり返すだけでOK

消費税が10パーセントになったメリットといえば、税込み価格の計算が少しはラクになったことぐらいだろうか。

とはいえ、軽減税率が適用されているテイクアウトの料理や、スーパーの食材などは8パーセントだから計算しづらい。

そんな時には、数字をひっくり返せばおもしろいほど簡単に消費税がいくらかかるのかを計算できるのだ。

たとえば、600円の8パーセントを計算したい場合には、8円の600パーセントと考える。8の100パーセントは8なので、600パーセントは48になる。

つまり、600円の消費税8パーセントは48円。税込み価格は648円になるというわけだ。

〈数学〉の雑学

1枚の紙を42回折り曲げると月まで届く？

　1枚の紙を42回折り曲げると、その厚みは月まで届く——。そんな話を聞いたことがあるだろうか。

　では、本当かどうか計算してみよう。たとえば厚さ0・1ミリメートルの紙を用意する。これを1回折り曲げると厚みは倍の0・2ミリメートルになる。

　さらに折っていくと0・4、0・8、1・6ミリメートル…と厚みを増していき、25回折った時点で3300メートルを超え、41回目で約22万キロメートル、42回目には約44万キロメートルになる。

　地球から月までの距離は、38万4400キロメートルなのでみごとに月に到達するのだ。ただし、もし実際にやってみようとするなら、どれくらい大きな紙が必要なのかは想像におまかせする。

知り合いの知り合いを何回たどれば世界中の人とつながれる？

Aさんに連絡を取りたいのだが、どこに住んでいるのか知らず、連絡先もわからない。

そこで自分の知り合いの中から、Aさんの居場所を知っていそうなBさんに「同封の手紙をAさんに送ってほしい」と書いて手紙を送った。もし、BさんもAさんの連絡先を知らないなら、知っていそうな知り合いに送ってほしいとお願いして――。

さて、このように知り合いの知り合いをリレー形式でたどっていくと、いったい何人を介せばAさんに手紙が届けることができるのだろうか。

アメリカで実際にこの実験を行った心理学者ミルグラムによると、出した手紙の約42パーセントが相手の手元に届き、その間に介した人数の平均はわずか6人だったというのだ。

つまり、世界中のどこにいても知り合いの知り合いを6人たどっていくと探している人を見つけ出すことができる可能性があるということになる。

これを「スモールドワールド現象」という。世界はかなり狭いのだ。

鉛筆1本で何メートルの線が引ける？

鉛筆の長さは、日本ではJIS規格で172ミリメートル以上と定められている。

つまり、芯も172ミリメートルあるというわけだが、ではこの芯を使い切るまで線を描いていくと、いったい1本の鉛筆で何メートルの線を引くことができるだろうか。

機械を使って同じ圧力で描き続けるという実験によると、1本の鉛筆の芯で約50キロメートルの線が描けたという。

50キロメートルというと、フルマラソンの距離よりもさらに8キロメートルほども長い。もしも地面に手書きしながら進むと、きっと1日では終わらない実験になるだろう。

3・14をひっくり返すとパイになる

知ってのとおり、円周率は3・14だ。小学生のうちは、円周や円の面積を求める時は直径や半径×2に3・14をかけて計算するが、中学生になるとπ（パイ）で表すようになる。

ところで、紙に3・14と手書きで書いて裏返すとパイに見えなくもない。左右を反転すると4はP、1はI、3はEに見え、「PI・E」となるのだ。

知らなくても問題ない知識ではあるが、知っておくとちょっと楽しい数学のシャレた雑学になる。

〈名画〉の雑学

消えた美術品とその顚末とは？

まるで怪盗ルパンの仕業のような絵画盗難事件は、ヨーロッパを中心に各地で起きている。

なかでも20世紀最大の美術館盗難事件といわれているのが、1911（明治44）年にルーブル美術館から消えたレオナルド・ダ・ヴィンチの『モナ・リザ』だ。世界中を揺るがしたこの盗難事件では、まだ無名だったピカソが誤認逮捕されるなど混乱を極めた。

犯人の目的は贋作詐欺で、本物を手元に置いて贋作をつくり、それを本物として売り出していたのだ。

だがある時、犯人は本物をダヴィンチの出身地であるイタリアの古美術商に売ろうとコンタクトを取った。それを鑑定して本物だと判断した古美術商が警察に通報したため、犯人はあっさりと逮捕され、『モナ・リザ』は無事ルーブル美術館に戻ってきた。

　1988（昭和63）年にはシャガールの『オセロとデズデモーナ』が盗まれたが、やはり画廊経営者が持ち込まれた絵を本物と見抜き、30年ぶりに元の持ち主に返還されている。ただ、世界にはまだ見つかっていない盗難品も数多く存在しているのだ。

ムンクの「叫び」はじつは叫んでいない

　ノルウェーの国民的画家ムンクの代表作といえば、『叫び』だ。ほかの作品は知らなくても、これだけは知っているという人も多いにちがいない。

　ところで、そのタイトルからして、絵の真ん中に描かれた人物は頬を押さえて大声で叫んでいるように見える。

　しかし、実際にはこの人物は叫んでいない。耳を押さえておびえているのだ。

　この作品に描かれているのは、ある日の夕暮れにムンク自身が経験した恐怖だ。幼くして母と姉を病気で亡くし、死や病の恐怖におびえていたムンクは30歳のある日、どこからか自然を貫く叫びのようなものを感じたという。

　そして描いたのが、この『叫び』だった。つまり、絵の人物はムンク自身なのである。

ロダンの「考える人」はじつは何も考えていない

　右のヒジを左ヒザにつき、その手をアゴに乗せている姿が、いかにも何かを思考しているように見えるロダンの彫刻は、『考える人』としてあまりにも有名だ。

だが、これが「のぞき込んでいる人」というタイトルだったらどうだろう。そういわれれば、たしかにそう見えてくるのではないだろうか。

それもそのはずで、この彫刻はダンテの『神曲』の登場人物のひとりで、地獄の門の上から下の地獄をのぞき込んでいる姿だというのだ。

そもそもロダンがこの彫刻につけたタイトルは『詩人』だったが、ロダンの死後、鋳造職人が『考える人』と名づけた。それがそのまま現代に受け継がれている。

『夜警』は昼間の絵がススで黒ずんでいただけだった

「光と影の画家」と呼ばれるレンブラントの代表作といえば、『夜警』が思い出される。これは17世紀に実在した人々を描いているのだが、誰もが生き生きと動いているのが印象的だ。

それまでの集団肖像画というとまるで記念写真のように全員が画家のほうを見ていたものだが、レンブラントのものは動画を切り取ったように動きがあるのだ。

奥のほうにいる人物に光が当たっていないのも、いかにも『夜警』というタイトルにふさわしい、といいたいところだが、じつはこの絵は昼間の様子を描いたもので、夜ではない。

もともと明るい絵だったのが、時間が経つにつれてニスにススがついて黒っぽくなった。その汚れた絵を見て19世紀につけられたのが『夜警』というタイトルだったのだ。

ゴッホが存命時に売れた絵は『赤い葡萄畑』というたった1点だけ

今では1枚の作品が数億円という高額で取り引きされることで知られる19世紀オランダの画家ゴッホだが、生きている間はその作品がまったく評価されなかった。

彼は37歳という若さでこの世を去ったが、その短い生涯で売れたのは『赤い葡萄畑』という絵1点だけだった。

この絵を購入したのはゴッホと一緒に「20人展」に参加した画家のひとりであるアンナ・ボックで、購入価格は400フラン、現在の価値にして10万円あまりだったという。

現在、この作品はロシアによって国有化され、プーシキン美術館が所蔵している。

ルーブル美術館に眠っていたモネの「睡蓮」

モネの代表作といえば、『睡蓮』だ。この作品はシリーズとなっていて、モネが30年をかけて描き続けた。そして、現在は世界各地の美術館やコレクターが所有している。

戦前の日本にもコレクターがいた。それは、川崎造船所（現在の川崎重工業）の初代社長である松方幸次郎だ。

松方の膨大な絵画コレクションは、紆余曲折ののち第2次世界大戦中にフランス政府に接収されてしまうのだが、そのうちの1点である『睡蓮——柳の反映』は長らく所在がわからずにいた。

戦後、1959（昭和34）年に松方氏の

コレクションは日本に戻ってきたのだが、その中に『睡蓮一柳の反映』は含まれていなかったのだ。フランスでも忘れられた存在となっていたようだ。

ところがその後、60年近く経った2016年に発見された。ルーブル美術館の所蔵庫で見つかったのだ。かなり傷ついた状態での発見だったが、その後修復されて蘇っている。

浮世絵は磁器の包み紙としてヨーロッパに渡った

浮世絵は日本でよりもフランスで高く評価され、凱旋帰国した美術品だといっていい。

ヨーロッパで関心が高まったきっかけになったのは、日本からの荷物の中に詰め物として丸められていた新聞紙だった。

古伊万里などの磁器は17世紀半ば頃からヨーロッパに輸出されていて、その荷物を送るための緩衝材として丸めて入れられていたのだ。

その中に『北斎漫画』を掲載していた新聞紙があり、版画家のブラックモンが関心を寄せた。それがパリでの浮世絵ブームのきっかけになり、その後、1867(慶応3)年に開催されたパリ万博で紹介されると熱狂的なファンが押し寄せたという。

浮世絵は当時、パリで活躍していた印象派にも大きな影響を与えた。ドガやゴーギャン、モネといったそうそうたる画家をはじめ、無名だったゴッホも強烈に浮世絵を愛したひとりだった。

〈スポーツ〉の雑学

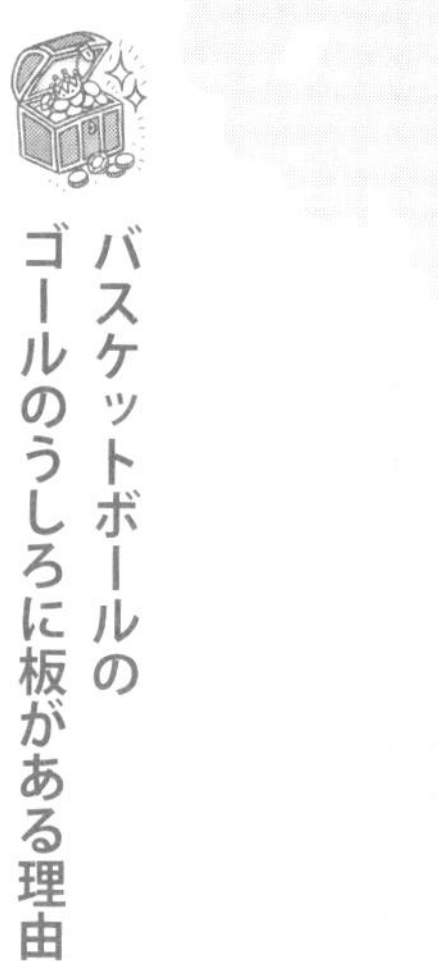

バスケットボールのゴールのうしろに板がある理由

バスケットボールで確実にゴールを狙いたかったら、背面板に描かれた四角のマークの角を狙うといい。すると、板から軽く跳ね返ったボールがおもしろいようにゴールに吸い込まれていくはずだ。

このワザを知っていたら、背面板はゴールを決めやすいように取りつけられていると思うかもしれない。だが、ゴールの後ろに板が取りつけられた本当の理由はそれではない。

アメリカでバスケットボールが誕生したのは19世紀の終わり頃で、当時のゴールは体育館の手すりに直接取りつけられていて板はなかった。

しかし、そんなところにゴールがあるものだから、ゴール近くにいる観客が手を伸ばしてボールに触れようとする。

理由は、相手チームのゴールを妨害するためだ。

これでは、とてもではないがフェアな試合にならない。

そこでゴールと観客の間に板が取りつけられた。それが、現在も背面板として生きているのだ。

なぜサッカーボールは白と黒？

今ではカラフルな色やデザインが採用されているものの、サッカーボールといえば何といってもあの白と黒の多角形を組み合わせたデザインがおなじみだ。

とはいっても、半世紀あまり前まではサッカーボールは皮そのものが持つ茶色一色で、何のデザイン性もなかった。


ところが世界的に白黒テレビが普及し、テレビ観戦が増えだすと困った問題が発生した。白黒テレビで見ると、茶色いボールがどこにあるのかわからなくなってしまうのだ。

そこで、アディダスが日本のメーカーに依頼して誕生したのがあの白黒のボールだ。白い六角形の中に黒い五角形を配置することで、黒色が浮き上がってくる効果があったのだ。

しかし、カラーテレビが普及してくると何も白黒である必要はなくなり、芝のピッチで映えるカラフルなデザインのボールが登場するようになる。

永遠のスタンダードともいえる白と黒のサッカーボールが全盛だった時期は意外と短かったのだ。

テニスボールが缶に入っているワケ

卓球や野球のボールは紙の箱に入っているのに、硬式テニスの試合用のボールは筒状の缶に入っている。しかも、しっかりと密封されていて、まるで缶詰のようにプルタブで開けるしくみになっている。

なぜこんなにも厳重なのか、その理由を知っているだろうか。

新品の硬式テニスボールは競技をするのに適した1・8気圧になるように設計されているのだが、空気に触れるとどうしても気圧が下がってしまうのだ。

ボールの飛び具合や弾み具合は、ボールの中の空気圧で違ってくる。だからサッカーボールやバスケットボールは弾まなくなったら空気を入れて調整すればいいが、硬式のテニスボールにはそもそも空気を入れる穴がない。そこで、缶に入れて密封することで気圧を維持させているのだ。

ただし、開封しなくても缶の中の圧力は徐々に低下するので買ったら早く使ったほうがいい。

箱根駅伝はもともと「アメリカ横断駅伝」の予選会だった

正月の2日と3日の一大イベントといえば箱根駅伝だ。予選を勝ち抜いてきた20の大学のチームと、関東学生連合チームが毎年、手に汗握るレースを展開する。

現在では2日間にわたってレースが繰り広げられ、往路と復路、そして総合優勝チームが決まって終了するレースだが、かつてはそこから先が本戦で、箱根駅伝は予選会という位置づけだったのだ。

この壮大なプランを考えたのは、NHK大河ドラマ『いだてん』に描かれた日本人初のオリンピック選手の金栗四三と、2人の陸上競技選手だった。

金栗は世界で戦えるランナーを育てるためには駅伝が一番だと考えていたのだが、彼らはもうすでに札幌―東京間、下関―東京間を走った経験のある猛者で、日本は走り尽くしたと考えていた。

そこで立ち上がったのが「アメリカ大陸横断駅伝」構想だったのだが、彼らが描いたコースは常識を超えていた。

まず、スタート地点をサンフランシスコに設定し、アリゾナの砂漠とロッキー山脈という過酷なコースを走破する。さらに中部の農村を走り抜けて、ゴールのニューヨークをめざすという、直線距離でも4000キロメートルを超える壮大過ぎるものだった。

結局、アイデアが実現することはなかったのだが、この壮大な夢が描かれなければ現在の箱根駅伝もなかったのだ。

記録の出やすいプールの水温は約25度

室内プールは屋外のプールと違って、しっかりと温度管理されている。スイミングスクールなどに行くと、たいてい30度前後のほんのりと温かい水が張ってあるはずだ。

では、オリンピックなどの競技用のプールも同じ水温設定なのかというとそうではない。日本水泳連盟の公認規則によると、水温は25度以上28度以下と決められていて、オリンピックでもこの温度が規則として定められている。

特に競泳の場合、プールが温かいと選手は体が熱くなりすぎて体力が落ちてしまい、記録にも大きな影響を与えてしまう。

競泳選手にとって体力の消耗が少ない水温は25度で、実際にこの水温で行ったレースでは多くの記録が生まれているというのだ。

もし、運んでいる途中の〝聖火〟が消えたらどうなる？

オリンピックのシンボルである聖火は、ギリシャのアテネで灯される。開幕の数カ月前に、アネテのヘラ神殿で採火式が行われ、太陽の光を集めてトーチに火をつけ、そこから聖火リレーで会場の聖火台まで運ばれてくるのだ。

とはいえ、さすがに海を超えて走ってくることはできないので、開催地までは飛行機で運び込まれる。人から人へと受け継がれるのだから、空輪であってもたしかにリレーには違いない。そして、開催国の国内をリレーして回り、ようやく会場に到着するのだ。

そこで、もしも聖火が途中で消えてしまったら、またアテネまで振り出しに戻るのだろうか。

その心配はない。リレーにはマザーフレイムという種火を持ったランナーが付き添っていて、もしトーチの火が消えてしまったとしても、その場で種火を移して再開できる。もしもの事態は想定内なのだ。

〈音楽〉の雑学

肖像画でベートーベンが不機嫌そうな顔をしている理由

交響曲『運命』や『エリーゼのために』などの多くの名曲が現在でも演奏され続けている大音楽家のベートーベンだが、その性格は有名な肖像画の通り、かなり気難しかったようである。

とにかく、一度ヘソを曲げるとなかなか機嫌がなおらず、あたりかまわず当たり散らす。まわりにとってはかなり厄介な人間だったようだ。

そして、その癇癪（かんしゃく）は肖像画を描くアポイントメントが入っていた日の朝にも起きてしまった。

その日の朝食に大好物のマカロニチーズが出たのだが、それがかなりまずかったらしく、みるみるうちに機嫌が悪くなってしまったのだ。

結局、肖像画家にも当たり散らし、にら

みつけたままの姿が映し取られた。だから、音楽室などで見るベートーベンの肖像画はいつも怖い顔をしているのだ。

「ドレミファソラシド」は何語？

「ドレミファソラシド」は世界共通と思っているかもしれないが、全世界でこのように音名を読むわけではない。

たとえば、ドイツのドレミは「ツェーデーエー」、アメリカでは「CDE」となる。日本語の場合は「ハニホ」である。

では、ドレミはというと、これはイタリア語の音名なのだ。日本でドレミファソラシドが使われるようになったのは、国策として西洋音楽が輸入されるようになった明治以降なのだが、この時に国として招いた音楽家はアメリカやプロイセンなどの音楽教育家だった。

にもかかわらず、どうしてイタリア語の音階が使用されることになったのかははっきりとわかっていないのだ。

なぜ、カスタネットは青と赤？

小学校で使う楽器の定番のひとつであるカスタネットといえば、上下一枚ずつが青色と赤色になっているのがお決まりだ。

ただ、これは日本の常識で、海外では日本のもののように2色になっているものは見当たらない。

このような2色使いになったのには、じつは音楽的な意味はない。そもそも、はじめは2枚とも同じ色でつくられていて、青は男子用で、赤は女子用というように区別されていたという。

しかし、それだと学校に納入するのに男女の人数を把握するなど手間がかかるし、数が違っていれば苦情もくる。

そこで、業者が男女の区別なく赤と青を1枚ずつにしたのが始まりだとか。それが今では、日本における学校教育用カスタネットの定番となっているのだ。

ドイツでは『ノミのワルツ』、アルゼンチンでは『道化師のポルカ』といえば何という曲？

日本出身者の楽曲としては、史上初めてアメリカのビルボード誌のランキングで1位を獲得した『上を向いてあるこう』の英語のタイトルはなぜか『スキヤキ』だ。初めて聞いた時に「なぜ？」と思った人も少なくないだろう。

ただ、同じ曲でも国によってタイトルが違うことは珍しいことではない。その一例が、ドイツでは『ノミのワルツ』、アルゼンチンでは『道化師のポルカ』、メキシコでは『おサルさん』という何とも一貫性のない曲だ。

では、この曲の日本語のタイトルはといえば、答えは『ネコふんじゃった』なのである。

あのリズミカルな曲はドイツではノミが踊っている様子なのだ。まさに、ところ変われば…である。

〈童話・昔話〉の雑学

「アリとキリギリス」はじつはもっと辛辣でシビアな結末だった？

遊びほうけていたら、キリギリスのように将来は困ったことになりますよ――。イソップ寓話の『アリとキリギリス』は、怠け心を戒めるのによく引き合いに出される話だ。

収穫の時期にキリギリスは楽器を弾いて遊び、冬に向けてせっせと働いて食料を蓄えているアリを見てせせら笑っていた。

そして冬になって食べ物が尽きてしまったキリギリスは、空腹でふらふらになりながらアリの家にたどり着き、アリに謝って食べ物を分けてほしいと頼み込むことになった。

この物語は世界中に伝わっているのだが、そのラストは大きく分けて2つある。

ひとつは、空腹のキリギリスがアリの慈悲で食べ物を恵んでもらって改心するというパターンと、アリが食べ物を分け与えることを拒み、キリギリスは飢え死にしてしまうという展開だ。

後者のパターンでは、最後にアリがキリギリスに「夏には歌っていたんだから、冬には踊ったらどうだい？」と冷たく言い放つというものだ。

アリはなかなかに辛辣なキャラクターとして描かれているのだ。

成長してオトナになった金太郎が活躍する「頼光四天王」とは？

まさかりかついだ金太郎というと、クマにまたがって乗馬のけいこをしたり、山の動物たちと相撲を取ったりと、元気でたくましい男の子だ。

金太郎が自分の庭のように遊んでいた山は、神奈川県南足柄市にある金時山といわれ、ここが金太郎伝説発祥の地とされている。

じつはモデルも実在していて、金太郎の祖父は足柄兵太夫で、母はその娘の八重桐という。

成長した金太郎は、平安時代中期の武将、源頼光と足柄山で運命的に出会い、坂田金時と改名して頼光四天王と呼ばれる家臣の1人になった。

頼光の活躍は目覚ましく、丹波国での酒呑童子討伐や土蜘蛛退治など武勇伝が残っているが、これらは四天王あっての功績だと考えられている。

金太郎は単なるやんちゃな子供で終わることなく、成人してからも後世にしっかりと名を刻んでいたのだ。

浦島太郎は亀ではなく船に乗って竜宮城に行った

昔話は人々の間に伝わってきた伝承をまとめたものがほとんどだが、浦島太郎のストーリーが今のような形になったのは室町時代の短編物語『御伽草子』からとされている。

ただ、そのなかで浦島太郎は竜宮城に行くときに、カメの背中に乗ってはいない。

御伽草子によると、カメを助けた数日後、太郎のもとに女性が現れ、舟で漂着したのだが国に帰りたい、連れて帰ってくれと太郎に頼む。

そこで、女性が乗ってきた舟に乗って2人は竜宮城をめざすのだ。

この女性はカメの化身なので、カメに連れられて竜宮城に行くのには違いないのだが、絵にするとずいぶんと現実的だ。

ちなみに当時、挿絵に描かれていた竜宮城は、海の中ではなく陸の上にあったというから、おそらくタイやヒラメの舞は見ることができなかっただろう。

〈学校〉の雑学

黒板は〝黒い板〟といいつつなぜ緑色なのか

なぜ緑色なのに「黒板」というのか。小学生のころに一度は感じた素朴な疑問ではないだろうか。

日本に最初に黒板がやってきたのは、1872（明治4）年のことだ。現在の東京大学の前身である大学南校に赴任したアメリカ人教師によって持ち込まれた。

当時の黒板はたしかに黒く、英語では「ブラックボード」と呼ばれていたので、そのまま「黒板」と訳されたのだ。

ところで、黒から緑になった理由には諸説あり、そのひとつに「緑色が目に優しいから」というものがある。

また、黒い黒板は光に当たると反射して教室の端にいると見えにくいという問題もあり、見えやすい緑が普及したのではないかともいわれている。

いずれにしても、黒板という名称がついた当時、黒板はたしかに黒かったのだ。

学校のチャイムは天才作曲家が書いた曲？

学校中に一日に何度となく響き渡る「キーンコーンカーンコーン」のチャイムには原曲があり、作曲家も存在することを知っているだろうか。

このメロディーの原曲のタイトルは『ウエストミンスターの鐘』といい、作曲したのはイギリスの音楽家でオルガニストのウィリアム・クロッチだ。

ウェストミンスターとはいわずと知れたロンドンにある寺院で、イギリス国王の戴冠式などが行われ、歴代王のほとんどが埋葬されている。

ちなみに、クロッチは神童と呼ばれた音楽家で、なんと11歳の若さでケンブリッジ大学音楽科の教授の助手となり、さらには22歳の若さでオックスフォード大学の教授になっている。

クロッチが『ウェストミンスターの鐘』を作曲したのは1793（寛政5）年のことだ。その曲の一部が、日本の学校のチャイムの音になったというのが有力な説となっている。

異説としてヘンデルが作曲した『メサイア』第三部に『ウェストミンスターの鐘』の元になっているメロディーがあるともいわれている。

いずれにしても、すごい作曲家がつくったメロディーなのには違いない。

○参考文献
『心臓・血管・血圧　すべての悩みを解決する方法』(南和友/アチーブメント出版)、『慣用ことわざ辞典』(小学館)、『勝利への近道！　テニススピードマスター』(石井弘樹監修/新星出版社)、『老けない人の姿勢と呼吸』(ＰＨＰからだスマイル　２０２０・５/ＰＨＰ研究所)、『原色　ニッポン〈南の島〉大図鑑』(加藤庸二/阪急コミュニケーションズ)、『文藝春秋　令和二年八月号』(文藝春秋)、『Ｔａｒｚａｎ　７８４』(マガジンハウス)、『働かないアリに意義がある』(長谷川英祐/メディアファクトリー)、『記憶力30秒増強術』(椋木修三/成美堂出版)、『記憶力がいままでの10倍よくなる法』(栗田昌裕/三笠書房)、『衝撃の真実１００』(神岡真司/ワニブックス)、『番号は謎』(佐藤健太郎/新潮社)、『雑学帝王５００』(北嶋廣敏/ＫＡＤＯＫＡＷＡ)、『低山トラベル』(大内征/二見書房)、ほか

○参考ホームページ
名古屋大学宇宙地球環境研究所、BUSINESS INSIDER JAPAN、NATIONAL GEOGRAPHIC、NIKKEI STYLE、月探査情報ステーション、Ｇａｋｕｓｈａ、国立極地研究所　南極・北極科学館、環境省、ＪＡＸＡ、ファン！ファン！ＪＡＸＡ！、ＴＢＳ全国子供相談室・リアル、日本科学未来館、地層科学研究所、毎日新聞、美術手帳、世界の美術館、ニッポン放送ＮＥＷＳ ＯＮＬＩＮＥ、ヤマサ醤油のレシピサイト「Ｈａｐｐｙ Ｒｅｃｉｐｅ」、日本缶詰びん詰レトルト食品協会、ＮＨＫ　ガッテン！、ハウス食品、唐辛子専門店　ハクタカ、オレンジページｎｅｔ、オリーブオイルをひとまわし、国土交通省関東地方整備局、やずや食と健

康研究所、朝日新聞ＤＩＧＩＴＡＬ、ｌｉｖｅｄｏｏｒニュース、日本唐揚協会、東洋経済オンライン、宇部かま、名古屋めし、そばの散歩道、合同食品株式会社、ＭＩＲＯＯＭ　ＭＡＧ、食育大辞典、国立国会図書館レファレンス協同データベース、お好み焼き　道とん堀　古川店、レタスクラブ、不二家、恵那川上屋、フランスお菓子、ｍａｃａｒｏｎｉ、週刊アスキー、月桂冠、ワインショップソムリエ、ＫＩＲＩＮ、ＳＵＮＴＯＲＹ、アイニチ株式会社、ＮＴＴ西日本、コダマガラス公式ブログ、ＫｏＫａＮｅｔ、ＨＡＬＬＯＭ、横澤製作所、ＩＮＴＥＲＮＥＴ　Ｗａｔｃｈ、シリコンバレーの社員食堂、ＷＥ　ＬＯＶＥ　ＳＯＣＩＡＬ、ｅｘｃｉｔｅニュース、Social Media Lab、ＨＵＦＦＰＯＳＴ、こおらす、ＴＥＣＨ－ＭＡＧ、カードの履歴、東京花柳界情報舎、日本将棋連盟、ボードゲーマ、日本棋院、レタスクラブ、ａｂｏｘ、さがの館、ＳＩＲＡＢＥＥ、ネイル女子、乗りものニュース、ＳａｎｋｅｉＢｉｚ、きもの用語大全、小林塗装、ニコニコニュース、ＯｎＴｒｉｐＪＡＬ、日経電子版、ＥＸＣＥＬＬＬ．Ｉｎｆｏ、ロッテ、日本経済新聞、お天気．ＣＯＭ、こうげつ人形、ａｌｌａｂｏｕｔ、ＹＯＫＵＭＯＫＵ、真多呂人形、和楽、ＲＥＴＲＩＰ、ニッポン放送ＮＥＷＳＯＮＬＩＮＥ、ＧｅｔＮａｖｉ　ｗｅｂ、ＴＢＳ、自由民主党新潟県支部連合会、綾瀬市、キャリアガーデン、タウンニュース、乗りものニュース、いろは出版、ｎｏｍｕ．ｃｏｍ、東京消防庁、東京都防災ホームページ、日本原子力研究開発機構、富山県、探偵さん．ｃｏｍ、ブライダルジャーナル、日比谷花壇、マイナビウェディング、ＨｕｇＫｕｍ、新Ｒ２５、ＤＩＡＭＯＮＤ　ｏｎｌｉｎｅ、刀剣ワールド、上北沢ドライビングスクール、アイペット損害保険会社、カナダシアター、山田ガーデンファーム、中国電力、高島市新旭水鳥観察センター、日本自然保護協会、海響館、いきも～る、ｗｉｔｈｎｅｗｓ、みんねこ、ねこちゃんホンポ、和楽、ＷＩＲＥＤ、参天製薬、進路のミカタニュース、ＬＩＦＵＬＬ　ＨＯＭＥＳ　ＰＲＥＳＳ、わんちゃんホンポ、日本犬保存協会、１００万人の狛犬講座、ＬＩＮＥトラベル、サライ、関西造園士木株式会社、農林水産省、東洋経済ＯＮＬＩＮＥ、一般財団法人　梅研究会、一般社団法人　日本人形協会、古世界の住人、雑学参考文献、東京都、小笠原村観光局、西日本ブックカフェ協会、TOKYO GOOD MANNERS、データのじかん、三菱ＵＦＪ信託銀行、ｅｘｃｉｔｅニュース、ＭＢＣ南日本放送、東京タワー、スタディサプリ、造幣局、東京消防庁、財務省、プラント地震防災アソシエイツ、ビザイアアジア、ＧＯＴＲＩＰ！、ベネッセ教育情報サイト、参議院、国立西洋美術館、カーミー、ＧＡＺＯＯ、はまれぽ、上野恩賜公園、井の頭恩賜公園、ホリーズカフェ、リコーコミュニケーションクラブ、日本気象協会、イタリア旅行満喫ガイド、ＦＵＮＤＯ、ＬＩＮＥトラベル、高知県、室戸市、日本橋梁建設協会、雑学カンパニー、宮内庁、空間情報クラブ、ｔａｂｉｙｏｒｉ、教育出版、ＢＢＣ Ｎｅｗｓ、第五管区海上保安本部、日本気象協会、ハテナブログ、子供の科学、進路のミカタ、幻冬舎ＧＯＬＤ　ＯＮＬＩＮＥ、保健指導リソースガイド、乗りものニュース、アンファーからだエイジング、サワイ健康推進課、スイミンネット、ｅヘルスネット（厚生労働省）、ニッカンサン、ＳＴＵＤＹ ＨＡＣＫＥＲ、ｎｉｐｐｏｎ．ｃｏｍ、日本ジェネリック製薬協会、ＥＰＡＲＫくすりの窓口、歯の豆知識、ライオン歯科衛生研究所、ＨＳＰプロジェクト研究所、ほか

編者紹介

雑学の森探険隊
「なぜ？」「どうして？」と思いながら、多くの人が答えの手がかりさえ見つけられないままになってしまう日々のさりげない疑問を掘り起こし、最後まで調査・検証することを信条とするライター・編集者チーム。尽きることのない人間の好奇心に寄り添い、その「知りたい」という欲求に応えるべく、日々活動している。

ハマる！ ウケる！ カシコくなる！ 雑学の森

2021年1月1日 第1刷

編者 雑学の森探険隊

発行者 小澤源太郎

責任編集 株式会社プライム涌光
電話 編集部 03(3203)2850

発行所 株式会社青春出版社
東京都新宿区若松町12番1号〒162-0056
振替番号 00190-7-98602
電話 営業部 03(3207)1916

印刷・大日本印刷　製本・ナショナル製本

万一、落丁、乱丁がありました節は、お取りかえします

ISBN978-4-413-11342-7 C0030